一看就懂的英语语法书

名词 n.
动词 v.
形容词 adj.
副词 adv.

孙融 / 编著

机械工业出版社
CHINA MACHINE PRESS

本书难得的地方在于：它将繁多、零散、枯燥、难记的英语语法知识点总结成了一个简单实用的体系。它不仅证明了英语语法是围绕"四个词（名词、动词、形容词、副词）"展开的，而且将英语语法学习精辟地归纳为了"三个核心问题"，能帮助学习者快速构建英语语法学习框架。

此外，本书对常规英语教学中的固定用法、固定搭配、固定句型进行了深度解析，并以准确精练的语言分析了其构成原理，使学习者能做到"知其然，且知其所以然"。

本书内容从基础的词性、句型出发，逐步延展至从句、非谓语动词等较为高阶的用法。因此，无论是英语初学者，还是即将参加各类英语考试的学习者，都能在较短时间内达到自己期望的语法水平。

图书在版编目（CIP）数据

一看就懂的英语语法书 / 孙融编著. —北京：机械工业出版社，2022.1（2025.1 重印）
ISBN 978-7-111-69867-8

Ⅰ.①一… Ⅱ.①孙… Ⅲ.①英语-语法-自学参考资料 Ⅳ.①H314

中国版本图书馆 CIP 数据核字（2021）第 258632 号

机械工业出版社（北京市百万庄大街22号 邮政编码100037）
策划编辑：尹小云　　责任编辑：尹小云
责任校对：张若男　　责任印制：单爱军
保定市中画美凯印刷有限公司印刷
2025 年 1 月第 1 版第 5 次印刷
169mm×239mm · 16 印张 · 338 千字
标准书号：ISBN 978-7-111-69867-8
定价：58.00 元

电话服务　　　　　　　　网络服务
客服电话：010-88361066　机 工 官 网：www.cmpbook.com
　　　　　010-88379833　机 工 官 博：weibo.com/cmp1952
　　　　　010-68326294　金 书 网：www.golden-book.com
封底无防伪标均为盗版　　机工教育服务网：www.cmpedu.com

前言 | PREFACE

作为一个在传统英语教学体系里熏陶了近 20 年的"老学生",我也曾在英语语法学习过程中产生过无数的疑问。但是,每当我转向书本或向他人寻求帮助时,得到的回答往往是:"这是固定用法/固定搭配/固定句型,你记住就行了!"

我一直都有**学好英语**的强烈愿望,但每次下定决心攻坚克难之后,都无一例外地被数量众多的"固定用法、固定搭配、固定句型"击败,学习热情也一次又一次地被无情浇灭。原因也很简单:我……记不住!

作为一名工科生,我在大学里逐渐养成了对问题追根溯源的习惯。换言之,我最在乎的并不是一件事情的结果,我更想知道的是:**这个结果产生的原因、过程以及它背后的逻辑。**

我把这个习惯也带入了英语语法的学习之中。我花费了大量的精力来解决困扰自己多年的问题——**英语中真的有那么多固定用法、固定搭配、固定句型吗?**

于是,我在三年间疯狂收集各类英语学习材料。无论是豆瓣的高分图书、各类视频网站中的教学课程,还是某位老师偶尔提及的国外语法研究材料,我都会千方百计地找来仔细研究。最后,我得到了这个问题的答案——**并非如此。**

因为我惊奇地发现,**英语语法背后有一套隐藏的体系,该体系围绕着"四个词(名词、动词、形容词、副词)"展开,而很多固定用法、固定搭配、固定句型实际上是在这套体系下根据一些简单原理构成的。**

为了验证这一发现的准确性,我通过在知乎上发表文章、回答问题等方式,获取了很多知友对于此类学习方法的反馈和建议。令我受宠若惊的是，很多人都非常认同这套体系，同时也有很多朋友为我提供了大量的宝贵意见和建议。在交流互动过程中，我增强了对这套英语语法学习体系的信心，同时也在不断思考如何完善该体系中所欠缺的部分。

同时，我也意识到，确实有相当数量的学习者是通过"死记硬背"来学习英语语法的，但很显然，这种学习方式不仅效率极低，而且机械的记忆会让人失去学习兴趣。对于固定用法/固定搭配/固定句型的不求甚解，就好比在数学学习过程中不去深究"3×4""5×5"的计算方法，而是让学习者把"3×4=12""5×5=25"的结果强记下来，并告诉学习者这是固定答案。但由此产生的问题是：学习者遇到"2×6=?"或是"5×6=?"时必然还是不会解答，因为他们并没有背过这些问题的固定答案。

因此，我决定把自己对这套隐藏的英语语法体系的思考总结成书，希望能帮助那些和我有相似英语语法学习经历的学习者。我努力让这本书的内容具有很强的逻辑性，使大家能很顺畅地将本书读完。如果你读完后觉得英语语法并不枯燥，甚至还有一点"有趣"的话，那我的目的也就达到了。

在本书开头，**我围绕"四个词（名词、动词、形容词、副词）"提出了英语语法学习的三个核心问题，分别为：**

> 问题1：什么是名词、动词、形容词和副词？
> 问题2：如何使用名词、动词、形容词和副词？
> 问题3：哪些结构可以当作名词、动词、形容词和副词使用？

可以这么说，如果你能逻辑清晰地回答这三个问题，那么你的大脑中已经形成了一个完整的英语语法框架，以这个框架为基础，以后遇到任何英语语法问题都能迎刃而解。

如果你不知道如何回答以上三个问题，那就请翻到第1章开始学习吧。你的疑问将很快得到解答。

祝学习愉快！

孙　融
2021年12月

目录 | CONTENTS

前 言

第 1 章　英语语法学习的三个核心问题 …………………… / 001

第 2 章　主谓宾定状补表 ………………………………………… / 007

第 3 章　简单句的五种句型 …………………………………… / 018

第 4 章　名词和名词性结构 …………………………………… / 026
　　　　一、名词 ………………………………………………… / 026
　　　　二、代词 ………………………………………………… / 029
　　　　三、名词性结构 ……………………………………… / 034

第 5 章　形容词和定语 …………………………………………… / 041
　　　　一、形容词 ……………………………………………… / 041
　　　　二、定语 ………………………………………………… / 044

拓展 1　聊聊 be 动词的用法 ………………………………… / 049

第 6 章　副词和状语 ……………………………………………… / 053
　　　　一、副词 ………………………………………………… / 053
　　　　二、状语 ………………………………………………… / 064

第 7 章　动词（时态） …………………………………………… / 069

第 8 章　动词（语气） …………………………………………… / 093
　　　　一、陈述语气 ………………………………………… / 093
　　　　二、祈使语气 ………………………………………… / 094
　　　　三、虚拟语气 ………………………………………… / 094

第 9 章　动词（主谓一致） …………………………………… / 104

第 10 章　动词（被动语态） ………………………………… / 111

第 11 章　介词短语 ……………………………………… / 118
　　一、介词 ………………………………………………… / 118
　　二、介词短语 …………………………………………… / 121

拓展 2　聊聊 used 的用法 …………………………………… / 134

第 12 章　名词性从句 …………………………………… / 137
　　一、从句 ………………………………………………… / 138
　　二、名词性从句 ………………………………………… / 140

拓展 3　聊聊英语中 it 的用法 ……………………………… / 149

第 13 章　定语从句 ……………………………………… / 152

第 14 章　状语从句 ……………………………………… / 162
　　一、连词 ………………………………………………… / 162
　　二、状语从句 …………………………………………… / 164

第 15 章　并列句 ………………………………………… / 169
　　一、并列句 ……………………………………………… / 169
　　二、比较句 ……………………………………………… / 173

第 16 章　动名词 ………………………………………… / 179

第 17 章　动词不定式 …………………………………… / 186
　　一、动词不定式与名词性从句 ………………………… / 189
　　二、动词不定式与定语从句 …………………………… / 195
　　三、动词不定式与状语从句 …………………………… / 197

第 18 章　分词 …………………………………………… / 202

第 19 章　复杂句的省略 ………………………………… / 217
　　一、并列句的省略 ……………………………………… / 217
　　二、从句的省略 ………………………………………… / 218

参考答案 ……………………………………………………… / 225

后记 …………………………………………………………… / 247

第 1 章
英语语法学习的三个核心问题

　　构成一个句子的最基本元素是单词,而每个单词又同时具备词性和词意两大属性。本章作为全书的第一章,它的主要作用就是通过阐述单词"词性"的重要性引出贯穿本书的主线——**英语语法学习的三个核心问题**。

请重视每个单词的词性

　　如果我们在词典中查阅 food 这个词,则会得到如下结果:

　　该结果包含两部分内容:**词性**和**词意**。

　　food 的词性是 *n.*,表示这个单词可以作为名词使用;而 food 作为名词时的意思为"食物;养料"。

　　我们在使用词典时存在一个误区,即:更重视一个单词的词意,却往往忽视了它的词性。

　　可单词的词性和词意同样重要,如果我们把词意比作一个单词的外表,那么词性就是它的灵魂。可以这么说,假如我们在阅读时没有弄清楚句子中每个单词的词性,那么就肯定没有弄懂这些单词,也就不可能在日常生活中灵活地使用它们了。

举一个例子，大家可能都熟悉 more than 这个短语，它的意思是"多于"。例如：
- I have more than 100 coins.（我拥有 100 多枚硬币。）

但是，当我们遇到下面三个句子时，就很难用以上短语意思来解释了。
- We had more than they did. ①
- We had something more than they did. ②
- We talked more than they did. ③

此时，我们需要在词典中查阅单词 more，得到的结果如下：

> **more**
> *adv.* 更多；此外；更大程度地
> *adj.* 更多的；附加的
> *pron.* （数、量等）更多

可以发现，more 共有三个词性——分别为副词（*adv.*）、形容词（*adj.*）和代词（*pron.*）。

通过了解 more 的上述三个词性，句①②③就变得非常容易解释了，如下所示：

- We had more than they did.（我们比他们拥有的更多。）
  - 其中的 more 是代词，在句中用作宾语，表示"更多"。

- We had something more than they did.（我们比他们拥有更多的[某样东西]。）
  - 其中的 more 是形容词，在句中修饰代词 something，"something more"表示"更多的[某样东西]"。

- We talked more than they did.（我们比他们说得更多。）
  - 其中的 more 是副词，在句中修饰动词 talked，talked more 表示"说得更多"。

既然词性如此重要，接下来我们一起看看英语中的"四大词性"。

英语语法学习的三个核心问题

下表是英语中最为常见的十类词性，包括：名词、形容词、动词、副词、冠词、代词、连词、介词、数词和感叹词。

编号	词性	编号	词性
1	名词（n.）	6	代词（pron.）
2	形容词（adj.）	7	连词（conj.）
3	动词（v.）	8	介词（prep.）
4	副词（adv.）	9	数词（num.）
5	冠词（art.）	10	感叹词（int.）

从重要性来看，这十类词性可以分为两个等级：

第一等级为**名词、动词、形容词和副词**。

第二等级为除以上四类词性外的其他词性。

在本书中，我们将**名词、动词、形容词和副词**称为"四大词性"，而名词、动词、形容词和副词这四类"词"也构成了本书的基础框架。

大家学到后面的章节将会惊奇地发现——英语语法实际上就是围绕着这四类"词"展开的，而本书归根结底也就是回答以下三个核心问题：

核心问题一：什么是名词、动词、形容词和副词？

核心问题二：如何使用名词、动词、形容词和副词？

核心问题三：哪些结构可以当作名词、动词、形容词和副词使用？

本书的第 1 章至第 10 章会着重解答这三个核心问题，而本章接下来的内容将会简要回答"**核心问题一：什么是名词、动词、形容词和副词？**"。

核心问题一
什么是名词、动词、形容词和副词？

1. 什么是名词？

名词（nouns，在词典中被标记为 n.）是人、事物或抽象概念的名称。以下是部分常见的名词：

building　　car　　photo　　people　　water　　paper

idea　　fun　　health　　feeling　　value　　hope

一看就懂的**英语语法书**

一般来说，一句话会包括多个名词，例如以下句子中就包含 Alice, Paris, friend, month 这四个名词：

- Alice visited Paris with her friends last month.

（爱丽丝上个月与朋友一起游览了巴黎。）

我们经常说要"言之有物"，就是因为名词是一句话所要重点描述的对象，也是句子中最重要的部分。

2 什么是动词？

动词（verbs，在词典中被标记为 v.）表示一个动作或一类状态。以下是部分常见的动词：

run   drive   love   fly   sing   answer   write   ask   open
walk   come   sell   buy   play   sleep   seem   is   feel

英语中共有三类动词
及物动词、
不及物动词和
系动词

及物动词（transitive verbs，在词典中被标记为 vt.）表示"动作"。及物动词不能在句中单独使用，其后必须加名词或代词来明确表示承受这个动作的对象。

可以看到，以下两个例子表达的信息并不完整，因为大家会继续追问"约翰爱谁？"和"他们建造了什么？"。

- John loves. （约翰爱。）
- They built. （他们建造了。）

所以，我们必须在及物动词后分别加上承受这个动作的对象，这样句子才是正确的。例如：

- John loves her. （约翰爱她。）
- They built a house. （他们建造了一座房子。）

不及物动词（intransitive verbs，在词典中被标记为 vi.）也表示"动作"。但不及物动词的用法与及物动词不同，这类动作没有承受对象，所以不及物动词之后无须加名词或代词。例如以下句子中的 fly 和 cried：

- Birds fly. （鸟儿飞翔。）
- Tommy cried. （托米哭了。）

系动词（link verbs，词典中无特定标识）表示"状态"。系动词本身并不表示任何动作，它的作用是将前后两个结构连接起来，例如以下句子中的 are 和 seems。

- These books are novels. （这些书是小说。）
- He seems good. （他看起来不错。）

以上例句中的系动词只起连接作用，表示的是：these books 的状态为 novels，而 he 的状态为 good。

3. 什么是形容词？

形容词（adjectives，在词典中被标记为 *adj.*）的作用是为被修饰词添加附加信息，它所修饰的对象是**名词**和**代词**。以下是部分常见的形容词：

black   white   beautiful   public   happy   cloudy   bright
careful   nice   delicious   perfect   soft   simple   hard

形容词修饰名词时需置于名词之前，且可以被译为"……的"。例如：

the white cat   a happy holiday   a bright future
（白色的猫）   （愉快的假期）   （光明的未来）

可以看到，当形容词修饰上述名词时，为这些名词提供了附加信息，让大家知道了猫是"白色的"、假期是"愉快的"、未来是"光明的"。

4. 什么是副词？

副词（adverbs，在词典中被标记为 *adv.*）的作用也是为被修饰词添加附加信息，但它修饰的对象却与形容词完全相反——形容词修饰名词和代词，而副词却用于修饰**除名词和代词之外的其他结构**。以下是部分常见的副词：

sometimes   already   never   carefully   suddenly   quickly
recently   almost   only   however   finally   unfortunately

副词能够修饰动词、形容词、副词、短语、句子等。例如：

- James answered quickly.（詹姆斯迅速地作答了。）

  副词 quickly 修饰动词 answered，表示"迅速地回答"。

- The cat is right under the table.（那只猫在桌子正下方。）

  副词 right 修饰介词短语 under the table，表示"在桌子正下方"。

- Unfortunately, the mail did not come today.

  （很不幸运，今天邮件还是没有到。）

  副词 Unfortunately 修饰逗号后面的句子，说话者用这个副词表明随后所述内容让他觉得很不幸运。

学完这一章，大家应该已经对四大词性有了比较粗略的了解。下一章我们将学习主语、谓语、宾语、定语、状语、补语和表语这七类句子成分，并且讨论它们与四大词性的关系。

练习一

请按照要求写出相应的句子。

1. 用1个名词、1个动词、1个副词写一个句子。

   _____

2. 用2个名词、1个动词、1个副词写一个句子。

   _____

3. 用2个名词、1个动词、1个形容词写一个句子。

   _____

4. 用1个名词、1个动词、1个形容词和1个副词写一个句子。

   _____

第 2 章
主谓宾定状补表

"主谓宾定状补表"指**主语**、**谓语**、**宾语**、**定语**、**状语**、**补语**和**表语**这七类句子成分。英语中所有的句子都是由这七类成分中的几类组成的。

学会这七类句子成分是英语语法学习的基本功。所以,本章接下来的内容将用通俗易懂的语言将它们分别解释清楚,并将会讨论每类成分与四大词性(名词、动词、形容词、副词)的关系。

📝 什么是主语、谓语和宾语?

主语、谓语和宾语很容易理解,以下例句就是典型的"主谓宾"句型:

- The boy opened a window. (那个男孩打开了一扇窗户。)
  主语 谓语 宾语

其中,位于句首的名词 The boy 是**主语**,主语是一句话中最重要的成分,是整句话所描述的主体。

紧跟主语之后的动词 opened 是**谓语**,谓语表示主语的动作。

紧跟谓语之后的名词 a window 是**宾语**,宾语表示承受主语动作的对象。

因此,当谓语为及物动词时,构成的是"主谓宾"句型:

- He needs your help. (他需要你的帮助。)
- We played football. (我们踢足球。)

而当谓语为不及物动词时，构成的是"主谓"句型：

- My watch stopped.（我的表停了。）
- The telephone rang.（电话响了。）

由上述示例可以看出，四大词性与主语、谓语、宾语的关系是：**名词可以用作主语和宾语，动词可以用作谓语**，形容词和副词则无法用作这三类句子成分。

定语是广义的形容词

形容词的作用是修饰名词或代词，而且一般可以被译为"……的"。例如：

- The cute boy speaks English.（那个可爱的男孩讲英语。）
  > 其中的形容词 cute 修饰名词 boy，表达"可爱的男孩"之意。

由于形容词的表述能力有限，因此我们很难用它来表达更加丰富的语义。例如，如果我们想表达"穿红衣服的男孩"或者"我昨天遇到的男孩"，形容词就显得无能为力了。

因此在某些情景中，我们会使用其他表达能力更为丰富的结构来充当形容词，例如以下句子中的介词短语 in red 和定语从句 whom I met yesterday：

- The boy in red speaks English.

  （穿红衣服的男孩讲英语。）
- The boy whom I met yesterday speaks English.

  （我昨天遇到的那个男孩讲英语。）

我们将形容词 cute、介词短语 in red、定语从句 whom I met yesterday 这类可以充当形容词使用的结构统称为**定语**，而此类结构用作定语时均可以被译为"……的"。所以，我们说"**定语是广义的形容词**"。

本书在"第 5 章 形容词和定语"中还将讨论除形容词、介词短语和定语从句之外还有哪些结构可以充当定语，也就是回答第 1 章中提出的**"核心问题三：哪些结构可以当作形容词使用？"**

状语是广义的副词

副词与状语的关系和形容词与定语的关系非常相似。

副词修饰的是除名词和代词之外的其他结构，比如修饰动词、形容词、副词、短语、句子等。例如：

- James answered the question quickly.

  （詹姆斯迅速地回答了那个问题。）

  其中的副词 quickly 修饰动词 answered，表达"迅速地回答"之意。

由于副词是词类，我们有时需要其他结构来充当副词以表达更为丰富的语义。例如，当我们想表达"詹姆斯用英语回答了那个问题"时，却发现并没有意思为"用英语"的副词。此时，我们就可以使用介词短语 in English 来充当副词修饰动词 answered，得到：

- James answered the question in English.

  （詹姆斯用英语回答了那个问题。）

再如，当我们想表达"当我还没有思路的时候，詹姆斯回答了那个问题"时，可以使用状语从句 when I had no idea 来充当副词修饰句子 James answered the question：

- When I had no idea, James answered the question.

  （当我还没有思路的时候，詹姆斯回答了那个问题。）

我们将副词 quickly、介词短语 in English、状语从句 when I had no idea 这类可以充当副词使用的结构统称为**状语**。所以，我们说"**状语是广义的副词**"。

本书在"第 6 章 副词和状语"中还将讨论除副词、介词短语和状语从句之外还有哪些结构可以充当状语，也就是回答第 1 章中提出的"**核心问题三：哪些结构可以当作副词使用？**"

表语是系动词之后的结构

我们称及物动词之后的结构为宾语，而称系动词之后的结构为表语。因此，**表语**

是紧跟在系动词之后的结构，作用是**表述主语的身份、状态、性质**等信息。例如：

- The food tasted good.（食物很好吃。）

  ✎ 句中的 tasted 为系动词，形容词 good 为表语。

到底什么是系动词呢？

系动词的两个特点

顾名思义，系动词就是用来连接前后两个结构的动词。常用的系动词并不多，如下所示：

am/is/are（be 动词） keep seem appear become feel get grow remain smell look sound taste stay go

值得注意的是，有一部分单词会同时具有系动词和及物动词的词性（如 keep，feel，get 等）。因此在某些情况下，我们需要辨别一个单词到底是系动词还是及物动词。例如：

- I keep silent in class.
- I keep books in my room.

大家能够判断以上例句中的两个 keep 是系动词还是及物动词吗？

我们不妨将这个问题放在一边，先来了解一下系动词的**两个特点**。

特点一 **系动词后可以接名词和形容词。**

与及物动词类似，系动词之后可以接名词，例如 become 和 remain：

- Adventure becomes part of my life.

  （冒险成为我生命的一部分。）

- Pollution remains a troubling problem.

  （污染仍然是一个令人烦恼的问题。）

但系动词还有一个及物动词并不具备的特点，即其后还可以接形容词，例如 look 和 stay：

- She looked a little tired.（她看起来有点累。）
- The shop stays open.（那家商店一直开着。）

特点二 将系动词替换为 be 动词（如 is, am, are, was, were 等）后，句子的语义基本不会改变。例如：

{ Adventure becomes part of my life.（冒险成为我生命的一部分。）
{ Adventure is part of my life.（冒险是我生命的一部分。）

{ She looked a little tired.（她看起来有点累。）
{ She was a little tired.（她有点累。）

可以看到，当上面两组示例中的系动词被替换成 be 动词以后，第一个句子的语义由"冒险成为我生命的一部分"变为了"冒险是我生命的一部分"，而第二个句子的语义由"她看起来有点累"变为了"她有点累"。两个句子的语义基本上没有变化。

系动词的上述两个特点可以说是区分及物动词和系动词的"利器"。现在我们可以一起来判断之前提出问题中 keep 的词性了：

- I keep silent in class. ①
  （我在课堂上保持安静。）

- I keep books in my room. ②
  （我把书保存在我的房间里。）

由"**特点一**"可知：**只有系动词后能接形容词**。

因为 silent 是形容词，所以我们不难得出句①中的 keep 是系动词。

但系动词和及物动词后均可以接名词，只利用"**特点一**"无法对句②中 keep 的词性做出判断。

我们继续应用"**特点二**"来判断，即**将系动词替换成 be 动词后，看看句子的语义是否会改变**。把两个句子中的 keep 都替换为 be 动词后可得到：

- I am silent in class. （√）
  （我在课堂上很安静。）

- I am books in my room. （×）
  （在我的房间里我是书。）

句①的语义基本无变化，而句②的语义出现了很大的改变。

至此，我们已经能够得出结论了：句①中的 keep 是系动词，而句②中的 keep

是及物动词。

所以，四大词性与表语的关系是：由于系动词后可以接名词或形容词，所以只有名词和形容词可以用作表语。

补语是对宾语的补充说明

补语是英语学习中较难理解的一个知识点，我们不妨从熟悉的中文入手，先了解一下中文中补语的概念。

中文补语的概念

在中文中，有一类动词**会改变宾语的动作或状态**，如下面示例中的"要求""请"和"使"。

"我要求学生们去学跳舞。"
"阿丁请我看电影。"
"贫穷的生活使他非常沮丧。"

在这类动词后，我们一般需要对宾语发生变化后的动作或状态进行补充说明，而这些补充说明的内容被称为宾语的补语（简称**宾补**）。示例中的"学生们""我"和"他"为宾语，而"去学跳舞""看电影"和"非常沮丧"为补语。

我们来做一个小实验，将上面三句话中的补语省略，则得到：

"我要求学生们。" （×）
"阿丁请我。" （×）
"贫穷的生活使他。" （×）

可以发现，省略补语之后，句子内容变得不完整或者语义变得含糊不清。由此我们能够得出补语的第一个特点：补语是句子中不可省略的成分。

又假如我们只保留宾语和补语，省略主语、谓语等其他成分，则可以得到：

"学生们去学跳舞。"

"我看电影。"

"他非常沮丧。"

可以发现，由于补语是对宾语动作或状态的补充说明，因此宾语与补语能够组合成一个完整的句子，且这个句子与原句想要表达的信息基本相同。

至此，我们可以得出**补语的第二个特点：补语能够与宾语组合成一个完整的句子，且该句阐述的信息和原句想要表达的信息基本相同。**

> **注意** 同时满足上述两个特点的结构才是补语。

接下来请大家判断一下：以下句子中的"鼓舞了民众的信心"是不是补语呢？

"战士们击败敌人鼓舞了民众的信心。"

我们可以用补语的第二个特点来验证，即省略句中主语"战士们"和谓语"击败"并保留宾语和画线部分，得到：

"敌人鼓舞了民众的信心。"

此时虽然形成了一个完整的句子，但显然与原句想要表达的信息不同，所以我们能够得出答案："鼓舞了民众的信心"并不是句子的补语。

■ 英语补语的概念

在英语中，同样有一些动词会改变宾语的动作或状态，部分此类动词的示例如下：

ask（要求） find（发现） make（使得） have（使、把）
see（看到） hear（听到） watch（看着） want（要求）

> **注意** 当动词为括号内的词意时才需要补语。

以动词 have 为例：

- They **have** no kids.（他们没有小孩。）
    - 当 have 意为"有"时，不需要补语。
- I will **have** my hair dyed.（我会去把头发染色。）
    - 当 have 意为"把"时，则需要补语（dyed）。

英语语法和中文语法的很多知识点是相通的，英语补语同样也有两个特点。

特点一 补语是句子中不可省略的成分。

特点二 宾语和补语之间加入 be 动词后能够构成一个完整的句子，且该句阐述的信息与原句想要表达的信息基本相同。

比较英语补语与中文补语的两个特点，我们不难发现两者只在"**特点二**"上存在细微不同——在英语中，宾语和补语之间需加入 be 动词后才能构成句子。

利用英语补语的上述两个特点，我们可以试着判断以下四个句子的画线部分是不是补语。

- I found the homework <u>difficult</u>.　　　　　①
  （我发现家庭作业很难。）
- Jack left the city <u>with his mom</u>.　　　　　②
  （杰克和他的妈妈一起离开了那座城市。）
- I asked students <u>to learn dancing</u>.　　　　　③
  （我要求学生们去学跳舞。）
- My aunt bought me <u>a book</u>.　　　　　④
  （婶婶给我买了一本书。）

先使用补语的"**特点一**"来验证——省略画线部分，则得到：

- I found the homework. （我发现了家庭作业。）
- Jack left the city. （杰克离开了那座城市。）
- I asked students. （我要求学生们。）
- My aunt bought me. （婶婶买了我。）

省略之后，只有 Jack left the city 仍是一个完整的句子，且语义与句②基本相同，所以 with his mom 是可以省略的。由此我们可以判断句②中的 with his mom 并不是补语。

而句①③④省略后均出现了句子成分缺失或语义有较大改变的现象，表明这三个示例中的画线部分不能省略。即：句①③④通过了"**特点一**"的验证，这三句话中的画线部分均有可能是补语。

接下来再使用补语的**"特点二"**来验证这四句话——省略主语和谓语，并在宾语和画线部分之间加入 be 动词，则得到：

- The homework was difficult.（家庭作业很难。）
- The city was with his mom.（城市和他的妈妈在一起。）
- Students were to learn dancing.（学生们要去学跳舞。）
- I was a book.（我是一本书。）

添加 be 动词后，只有第一句和第三句的语义与原句想要表达的信息基本相同，即这两句话通过了**"特点二"**的验证。

我们可以得出结论：句①和句③中的画线部分为补语，而句②和句④中的画线部分并不是补语。

补语的构成原理

补语到底是怎么来的呢？

答案是：**补语是名词性从句被省略 be 动词后得来的**（名词性从句的详细内容将在"第 12 章 名词性从句"中介绍，这里提到它只是为了分析补语结构），如以下例子所示：

I found that the homework was difficult.　　①
　　　　　　名词性从句
I found the homework difficult.　　②
（我发现家庭作业很难。）

可以看出，我们省略了名词性从句中的 be 动词（was）以后，句①从句中的表语 difficult 变为了句②中的补语，而且省略句与原句的语义是相同的。

在下面的例子中，我们也不难发现句③的补语 singing 也是由名词性从句省略 be 动词后得来的。

She heard that Jean was singing.
　　　　　　名词性从句
She heard Jean singing.　　③
（她听到简在唱歌。）

一看就懂的 英语语法书

由上面的两个例子可知，补语是由名词性从句省略 be 动词后得来的，所以补语的"**特点二**"中才会要求先在宾语和疑似补语的结构之间加入 be 动词（即恢复名词性从句的形态后），再来判断这个结构是不是补语。

由于补语是由表语演变来的，因此我们能够得出四大词性与补语的关系是：因为只有名词或形容词可以用作表语，所以**只有名词或形容词可以用作补语**。

总而言之，四大词性与句子七类成分的关系如下图所示：

> 名词 ➡ 主语、宾语、表语、补语
> 形容词 ➡ 定语、表语、补语
> 副词 ➡ 状语
> 动词 ➡ 谓语

即：名词可以用作主语、宾语、表语或补语；

形容词可以用作定语、表语或补语；

副词只可以用作状语；

动词只可以作为谓语。

在本章中，我们学习了句子的主语、谓语、宾语、定语、状语、补语和表语七类句子成分及它们与四大词性之间的关系，下一章我们将学习如何使用这七类成分来构成语法正确的**简单句**。

练习二

请按照下列要求写出六个句子。

1. 第一步：写一个"主语+谓语"句型的句子；

   _____

   第二步：用一个定语修饰主语；

   _____

   第三步：用一个状语修饰谓语。

   _____

2. 第一步：写一个"主语+谓语+宾语"句型的句子；
   _____

   第二步：用一个定语修饰宾语；
   _____

   第三步：用一个状语修饰谓语。
   _____

3. 第一步：写一个"主语+谓语+表语"句型的句子（其中表语为名词）；
   _____

   第二步：用一个定语修饰表语。
   _____

4. 第一步：写一个"主语+谓语+表语"句型的句子（其中表语为形容词）；
   _____

   第二步：用一个定语修饰主语；
   _____

   第三步：用一个状语修饰表语。
   _____

5. 第一步：写一个"主语+谓语+宾语+补语"句型的句子（其中补语为名词）；
   _____

   第二步：用一个状语修饰谓语。
   _____

6. 第一步：写一个"主语+谓语+宾语+补语"句型的句子（其中补语为形容词）；
   _____

   第二步：用一个定语修饰主语；
   _____

   第三步：用一个状语修饰整个句子。
   _____

第 3 章
简单句的五种句型

　　本章我们将学习如何使用主语、谓语、宾语、定语、状语、补语和表语这七类句子成分来构成语法正确的**简单句**。

　　简单句是英语中最基本的句型,它是英语中所有句子的主干。简单句的构成有一个根本原则,就是句中必须有一个动词,比如"Go!"就是由一个动词构成的简单句。

　　另外,"主语+谓语+表语"也是很常见的一种简单句句型。例如:

- Sunsets are beautiful.(日落很美。)
  　主语　谓语　表语

　　简单句的结构非常简单,但同时它的表达能力也极其有限。如果我们所构思的是较为复杂的场景,则需要在简单句中添加一些修饰成分才能将其表达出来,比如以下句子中的突显部分:

- Sunsets are so beautiful that they almost seem as if we were looking through the gates of heaven.

  (日落很美,仿佛我们是透过天堂之门来看这个世界。)

　　可以看出,简单句仿佛是一棵树的主干,而修饰成分则如绿叶一般在树干上层层点缀,两者相互映衬才构成了美丽的画面。

　　因此,如果想脱口说出或写出漂亮的句子,首先应该学好简单句。

　　接下来,我们将一起学习简单句的五种句型。

简单句的五种句型

简单句共有五种类型，英语中的任何句子都可以归为这五种简单句中的一种。它们的具体形式如下所示（S 表示**主语**、V 表示**谓语**、O 表示**宾语**、P 表示**表语**、C 表示**补语**）：

1. S + V　　　　　　（主语 + 谓语）
2. S + V + O　　　　（主语 + 谓语 + 宾语）
3. S + V + O + O　　（主语 + 谓语 + 宾语 + 宾语）
4. S + V + P　　　　（主语 + 谓语 + 表语）
5. S + V + O + C　　（主语 + 谓语 + 宾语 + 补语）

可以看到，五种简单句的形式均为"S + V + ?"，也就是说：**一个简单句中至少包括一个主语和一个谓语**。

同时我们也能了解到：**主语、谓语、宾语、补语和表语共同构成了五种简单句句型**（定语和状语是修饰语，它们并不是简单句的组成部分）。

因此，我们只需要将一个句子中的定语和状语剔除，就可以得到这个句子的主干，而它属于哪种简单句也就一目了然了。

1. S + V

该句型中的 V 表示不及物动词（vi.）。

本章开头提及的"Go！"就是 S + V 句型，该句只有一个动词的原因是原句中的主语 You 被省略了，原句应为：You go！

再举一个此类句型的例子：

- She cried bitterly.（她哭得很伤心。）

因为其中的副词 bitterly 用作状语修饰动词 cried，所以此句主干应为：

- <u>She</u> <u>cried</u>.
　　S　　V

以下是 S + V 句型的更多例子：

- He arrived in the morning.（他早晨到的。）
- They apologized.（他们道歉了。）

2. S + V + O

该句型中的 V 表示及物动词（vt.）。例如：

- Angelia earned a good score in the exam.

  （安吉利亚在这次考试中取得了好分数。）

因为形容词 good 用作定语修饰名词 score，而介词短语 in the exam 用作状语修饰动词 earned，所以此句的主干为：

- Angelia earned a score.
    S   V   O

以下是 S + V + O 句型的更多例子：

- Tom broke his leg.（汤姆摔断了腿。）
- I really enjoyed my holidays.（我确实很享受假期。）

3. S + V + O + O

该句型中的 V 表示及物动词（vt.）。例如：

- My aunt bought me a book.（婶婶给我买了一本书。）
    S   V   O   O

在这种句型中，谓语（V）后面有两个并列的宾语（O）。我们将第一个 O 称作**间接宾语**，而将第二个 O 称作**直接宾语**，简单解释一下原因。

请大家思考一下：动词 bought 事实上作用于哪个宾语呢？是 bought me（买我）还是 bought a book（买一本书）呢？

显然是 bought a book（买一本书）。我们将及物动词事实上作用的宾语称为直接宾语，而将另一个称作间接宾语。

所以，例句中的 a book 是直接宾语，而 me 是间接宾语。

我们也可以将例句改写为：

- My aunt bought a book for me.

由此同样可以看出，a book 是直接宾语，而 me 是间接宾语。

以下是 S + V + O + O 句型的更多例子：

- He showed me his pencil case. （他给我看他的铅笔盒。）
- Tom gave his mom a present. （汤姆送给妈妈一个礼物。）

4. S + V + P

该句型中的 V 表示系动词，P 表示表语。例如：

- These books are novels. （这些书是小说。）
       S   V   P

句中的 are 为系动词，novels 为表语。

以下是 S + V + P 句型的更多例子：

- Her voice sounded familiar. （她的声音听起来很熟悉。）
- The future seems hopeful. （未来似乎充满了希望。）

5. S + V + O + C

该句型中的 V 表示及物动词（vt.），C 表示补语。例如：

- They caught the man stealing. （他们抓到那人正在实施偷窃。）
    S   V   O   C

以下是 S + V + O + C 句型的更多例子：

- John wants his brother to stay. （约翰想让他弟弟留下。）
- The job made me exhausted. （这项工作使我筋疲力尽。）

五种句型的分类

综上所述，五种句型中的动词 V 分别表示及物动词、不及物动词和系动词，因此我们也可以对这五种句型进行归类：

一看就懂的**英语语法书**

动词类型	对应句型
不及物动词（vi.）	S+V
及物动词（vt.）	S+V+O S+V+O+O S+V+O+C
系动词	S+V+P

两组相似句型的辨析

在简单句的五种句型中，"S+V+O 和 S+V+P"及"S+V+O+O 和 S+V+O+C"这两组句型在形式上非常相似，这也导致了我们在学习中很容易将它们混淆。因此，此处将讲解区分它们的具体方法。

第一组：S+V+O 与 S+V+P 的区分

由于某些动词既能用作及物动词又能用作系动词，有时会导致我们较难区分动词词性。大家能够判断下面三个句子是 S+V+O 句型还是 S+V+P 句型吗？

- Tom got angry.（汤姆生气了。）　　　　　　　　　　　　①
- Tom got a fish.（汤姆抓到了一条鱼。）　　　　　　　　　②
- He becomes a real man.（他变成了一个真正的男子汉。）　③

S+V+O 句型中的 V 代表及物动词，而 S+V+P 句型中的 V 代表系动词，根据前文学习的**系动词"特点一"**和**"特点二"**，我们可以用以下两种方法来判断。

方法一 系动词后可以接形容词和名词，而及物动词后只能接名词。因为句①中的 angry 是形容词，所以该句是 S+V+P 句型。句②和句③中的动词后均为名词，此时需要使用下面的**方法二**来判定。

方法二 系动词被替换为 be 动词后，句子的语义基本不会改变。我们不妨将句①②③中的动词都替换成 be 动词：

{ Tom **got** angry.（汤姆生气了。）
{ Tom **was** angry.（汤姆生气了。）

✎ 句中的系动词由 got 变为 was 后，句子语义无变化，所以句①的句型为 S+V+P。

{ Tom got a fish.（汤姆抓到了一条鱼。）
{ Tom was a fish.（汤姆是一条鱼。）

  句中的系动词由 got 变为 was 后，语义由"汤姆抓到了一条鱼"变为了"汤姆是一条鱼"，句子语义产生了很大变化，所以句②的句型为 S+V+O。

{ He becomes a real man.（他变成了一个真正的男子汉。）
{ He is a real man.（他是一个真正的男子汉。）

  句中的系动词由 becomes 变为 is 后，语义由"他变成了一个真正的男子汉"变为了"他是一个真正的男子汉"，句子语义基本无变化，所以句③的句型为 S+V+P。

第二组：S+V+O+O 与 S+V+O+C 的区分

S+V+O+O 和 S+V+O+C 这两种句型的基本结构均为"S+V+O+?"。我们同样用三个例子来辨析这两种句型之间的区别。

- We must keep the door locked.   ①
  （我们必须确保门是被锁上的。）
- I think my brother a clever boy.   ②
  （我认为我弟弟是一个聪明的男孩。）
- Mother made my brother a black sweater.   ③
  （妈妈给弟弟织了一件黑色毛衣。）

句①至句③中的突显部分是宾语（O）还是补语（C）呢？

其实这个问题不难回答，我们利用之前所学的宾语和补语的性质就可以轻松判定。当无法辨别这两种句型时，请参考以下两种方法：

方法一 查看疑似补语位置上放置的是不是名词。由于句①的突显部分 locked 不是名词，因此我们能够直接确定句①的句型为 S+V+O+C。

句②和句③中的突显部分均为名词，此时就需要根据补语的性质（即**方法二**）来判定了。

方法二 省略主语和谓语，并在宾语（O）和疑似补语的结构之间加入 be 动词，看看能不能构成一个结构完整且与原句想要表达信息基本相同的句子。

利用**方法二**来判别句①，即省略句①的主语 We 和谓语（must）keep 后得到：

- The door is locked. (√)

    (门是锁着的。)

    > 由于句①的语义是"我们必须确保门是被锁上的",此句想要表达的核心信息是"门被锁上",而省略后的句意"门是锁着的"与句①想要表达的信息基本相同,所以我们可以确定句①的句型为 S + V + O + C。

我们也用相同的方法来判定句②和句③,则得到:

- My brother is a clever boy. (√)

    (我弟弟是一个聪明的男孩。)

    > 因为句②的语义是"我认为我弟弟是一个聪明的男孩",想要表达的核心信息是"我弟弟是一个聪明的男孩",而省略后的句意与句②想要表达的信息完全相同,所以我们可以确定句②的句型为 S + V + O + C。

- My brother was a black sweater. (×)

    (我弟弟是一件黑色毛衣。)

    > 因为句③的语义是"妈妈给弟弟织了一件黑色毛衣",而省略后的句意是"我弟弟是一件黑色毛衣",与句③意思完全不相符,所以我们可以确定句③的句型为 S + V + O + O。

在这一章中,我们学习了简单句的五种句型并比较了它们之间的异同。换句话说,我们一起学习了构造简单句的"公式"。

下一章将会介绍如何在"公式"中代入"名词和名词性结构",以构造更多有趣的句子。

练习三

请写出下列句子的主干,并判断它们属于五种简单句句型中的哪一种。

1. I heard the song sung in English.

   _____

2. The season for the Spring Festival is coming.

   _____

3. People that live in the city visit the museum every year.

   _____

4. For us, the situation looks pretty optimistic.

   _____

5. She presented her mother an expensive dress as a birthday gift.

   _____

6. 46 medium-sized cities saw new home prices increase during December.

   _____

7. The scientists in Britain will examine meteorites formed from ancient material from Mars.

   _____

8. The company grows plants that are eaten by people who live near the indoor farm.

   _____

9. The number of college students considered to be low income decreased from 100,000 to 75,000.

   _____

第 4 章
名词和名词性结构

前面的章节介绍了构造五种简单句的"公式",而本章我们将学习"如何在公式中代入**变量**,以构造一个个语法正确的句子"。而在本章中,将被作为变量代入公式的是**名词和名词性结构**。

首先,让我们一起来熟悉一下名词的基本概念。

 名词

名词表示人、事物或抽象概念的名称,在词典中被标记为 *n.*。如果我们在词典中查阅 peanut,会得到如下结果:

可以看到,peanut 的词性是名词,意思是"花生"。

更多名词的示例如下:

building   car   photo   people   water   paper
idea   fun   health   feeling   value   hope

由名词的定义可知,英语中的名词可以分为**具体名词**和**抽象名词**。其中,**具体名词表示具有实际形态的人或事物**,如示例第一行中的 building,car,photo, people 等。而**抽象名词表示情感、性质、概念等不具有实际形态的抽象事物**，如示例第二行中的 idea, fun, health, feeling 等。

介绍完名词的分类之后，接下来将介绍名词的一个重要知识点——可数名词和不可数名词。

可数名词和不可数名词

在英语中，我们可以将名词分为**可数名词**和**不可数名词**。

可数名词是可以直接用数目计数的名词，当数目为 1 时用单数形式，而当数目为 2 及以上时用复数形式。例如：

- a book（单数形式） → two books（复数形式）
  一本书　　　　　　　两本书

我们身边很多事物对应的都是可数名词。例如：

- a box　　→　three boxes　　　a child　　→　four children
  一个盒子　　　三个盒子　　　　一个小孩　　　四个小孩

- a car　　→　five cars　　　　a friend　　→　six friends
  一辆车　　　　五辆车　　　　　一个朋友　　　六个朋友

与可数名词相反，**不可数名词是无法或很难用数目直接计数的名词**。例如：

water　　information　　advice　　fun　　sugar　　time　　love

因为我们无法对不可数名词计数，所以在不可数名词前直接加数量是错误的。例如：

a water（×）　　two sugars（×）　　three advices（×）

而且，不可数名词只有单数形式，并没有复数形式。

虽然我们不能直接对不可数名词计数，但我们可以在它们之前加上合适的量词来表示此类名词在数量上的规模。例如：

- a cup of water（一杯水）
- two pounds of sugar（两磅糖）
- three pieces of advice（三条建议）

此外，需要记住的是：当表示"少量的"时，可数名词前一般使用 a few，而不可数名词前一般使用 a little；当表示"许多"时，可数名词前一般使用 many，而不可数名词前一般使用 much。例如：

- I have got a few/many credit cards in my wallet.

  （我的钱包里有几张/许多张信用卡。）

- There was a little/much sugar in the jar.

  （罐子里有少量的/很多糖。）

名词的用法

此处讨论的是名词的用法，实际上也就是回答"核心问题二：如何使用名词？"

我们在"第3章 简单句的五种句型"中讲到五种简单句是由主语（S）、谓语（V）、宾语（O）、表语（P）和补语（C）五类句子成分构成的。那么，名词能够用作其中的哪几类成分呢？

首先，名词可以用作**主语**。如以下 S + V + P 句型中的 Vegetables：

- <u>Vegetables</u> are good for our health. （蔬菜对我们的健康有好处。）
  主语（S）

其次，名词可以用作**宾语**。如以下 S + V + O 句型中的 rice and fish：

- I like <u>rice and fish</u>. （我喜欢米饭和鱼。）
  宾语（O）

再次，因为系动词后可以接名词或形容词，所以名词也可以用作**表语**。如以下 S + V + P 句型中的 my students。

- They are <u>my students</u>. （他们是我的学生。）
  表语（P）

最后，因为能用作表语的结构一定可以用作补语，所以名词也可以用作**补语**。如以下 S + V + O + C 句型中的 Lucy：

- Teachers call the girl <u>Lucy</u>. （老师们叫那个女孩露西。）
  补语（C）

因此，**名词可以用作四类句子成分，即：主语、宾语、表语和补语。**

在此，我们先简单介绍一类常用结构——**介词短语**，其详细用法参见"第11章 介词短语"。

介词短语的构成形式为"介词 + 名词"，如下所示：

- in Beijing　　under the table　　from his work　　with his dog
  介词　名词　　介词　　名词　　　介词　　名词　　介词　　名词

介词短语可以**当作形容词**使用。例如：

- I like the weather in Beijing.（我喜欢北京的天气。）

其中，介词短语 in Beijing 用作定语修饰名词 the weather，两者组合起来的语义是"北京的天气"。

介词短语也可以**当作副词**使用。例如：

- My inspiration comes from his works.（我的灵感来自他的作品。）

其中，介词短语 from his works 用作状语修饰动词 comes，两者组合起来的语义是"来自他的作品"。

我们将介词短语中的名词部分称为"介词宾语"，即**介宾**（本书中用 Op 表示）。例如，介词短语 in Beijing 中的 Beijing 就是介宾。

最后，用一句话来表述名词的用法：

名词可以被用于句子内的五个位置，即：主语（S）、宾语（O）、表语（P）、补语（C）和介宾（Op）。

代词

在讲解之前，请大家先阅读一段话：

- John likes playing games with Bella. Bella is John's good friend. John gave a new doll to Bella as Bella's birthday present.

大家读完后有什么感受呢？显然，这段话中用词重复太多，显得很累赘。

为避免不必要的重复，**我们一般会用代词**（pronouns）**来代替前文中提过或是谈话双方都知晓的名词**。例如，在词典中查阅 she 这个词，则得到：

一看就懂的英语语法书

> ### *she*
> *pron.* 她（主格）；它（用来指雌性动物或国家、船舶、地球、月亮等）

可以看到，she 的词性是代词（*pron.*），常见意思是"她"。

因此，我们可以利用代词将前面的一段话改写为：

- John likes playing games with Bella. She is his good friend. He gave a new doll to her as her birthday present.

改写后，句子变得更加简洁了，逻辑也变得更加清晰了。

📝 代词的分类

此处将介绍四类常见代词，即：人称代词、物主代词、反身代词、不定代词。

在前文的示例中，我们使用了四类代词中的两类。she，he，her 为**人称代词**，而 his，her 为**物主代词**。

人称代词

人称代词表示对"我""你""他"等的代称。此类代词用作主语和宾语时的形态（即主格和宾格）会有一定的区别。例如：

- I slept very well last night.（我昨晚睡得很好。）
- Tommy saw me running yesterday.（托米昨天看到我在跑步。）

如上例所示，"我"在英语中用作主语时的形态（主格）为 I，而作为宾语时的形态（宾格）则为 me。

- Who is knocking at the door? It's me!（谁在敲门？是我！）

可以看到，人称代词用作表语时也使用宾格形式，如以上句子中的 me。

- They all know the answer.（他们都知道答案。）

- People are with them in spirit. （人们在精神上和他们在一起。）

由以上示例可知，"他们"在英语中的主格形式为 They，而作为介宾时使用的是宾格形式 them。如以上句子中的 with 是介词，它后面接的是宾格形式 them。

因此，当我们将人称代词用作主语时，使用的是它的主格形式；而将人称代词作为宾语、表语或介宾时，使用的是它的宾格形式。人称代词主格和宾格形态如下表中的"人称代词"一列所示：

人称代词、物主代词和反身代词对照表

中文对照	人称代词		物主代词		反身代词
	主格	宾格	形容词形态	名词形态	
我	I	me	my	mine	myself
你	you	you	your	yours	yourself
他	he	him	his	his	himself
她	she	her	her	hers	herself
它	it	it	its	its	itself
我们	we	us	our	ours	ourselves
你们	you	you	your	yours	yourselves
他/她/它们	they	them	their	theirs	themselves

物主代词

物主代词表示某个东西是归谁所有的，即表示"谁的（东西）"。此类代词有形容词和名词两种形态，如前文"**人称代词、物主代词和反身代词对照表**"中"**物主代词**"一列所示。

当我们需要表明一个事物的归属时，会使用物主代词的形容词形态来修饰这个名词。例如以下句子中的 your 和 our：

- I'm all for your opinion. （我完全赞成你的建议。）
- Our house is over there. （我们的房子在那边。）

如果这个事物之前已经被指明，则会直接使用物主代词的名词形态。例如以下句子中的 yours 和 ours：

- I agree with every word of yours. （我同意你的每一句话。）
- Your job is better than ours. （你的工作比我们的好。）

由于上面两句话中要表述的事物（word 和 job）均已在前文中被指明，因此我们使用的是物主代词的名词形态 yours 和 ours。

反身代词

当主语在同一个句子中多次出现时，我们会用反身代词来代替这个重复出现的名词。反身代词与人称代词的对应关系请参见前文"**人称代词、物主代词和反身代词对照表**"中"**反身代词**"一列，这类代词一般被译为"……自己"。如以下示例中的 myself 就是反身代词：

- I looked at myself in the mirror. （我看着镜子中的自己。）

可以看到，以上示例中的主语是 I，而当介宾中再次提到主语时，我们并没有使用人称代词的宾格形式 me，而使用了反身代词 myself。

再如：

- We can only rely on ourselves. （我们只能依靠我们自己。）

以上句子中的 We 和 ourselves 均表示"我们"，因为同一名词在句子中重复出现，所以我们使用了反身代词 ourselves。

不定代词

我们使用不定代词来泛指一类人或事物，也就是说，不定代词不指代任何特定的对象。以下为部分常见的不定代词：

both   others   another   all   each   either   neither

还有一类特殊的不定代词是由两个词复合而成的，如下所示：

something	anything	nothing	everything
somebody	anybody	nobody	everybody
someone	anyone	no one	everyone

以上示例中的 something 由 some 和 thing 组合而成，而 everybody 则由 every

和 body 组合而成。需要特别说明的是：**这类不定代词仅用于表示单个的人或事物。**

当我们不想或不能够明确表示所述对象时，可以使用不定代词来代替这个对象。不定代词的用法示例如下：

- Others know the origin of my name.（其他人知道我的名字的由来。）
- Do you have something to eat?（你有什么东西可以吃吗？）

可以看到，不定代词 others 的含义是"其他人"，而 something 的含义是"任意一样东西"，两者都不表示具体的人或事物。

📝 代词的用法

上述四类常用代词，有些指代一个或一类特定对象（如人称代词、物主代词、反身代词），有些则不指代任何特定对象（如不定代词）。

在本书中，我们按照上述原则将代词分为两大类，即：**一般代词**和**不定代词**。

因为代词是用来代替名词的，所以无论是一般代词还是不定代词，它们在用法上与名词是完全相同的，即：它们可以被置于主语（S）、宾语（O）、表语（P）、补语（C）、介宾（Op）这五个名词所处的位置。如下所示：

- They are good friends.（他们是好朋友。）
  主语（S）

  🖊 人称代词 They 在句中用作主语，并与其后的 be 动词（are）和名词 friends 共同构成了 S+V+P 句型。

- How could they protect themselves?（他们怎样保护自己？）
  宾语（O）

  🖊 因为主语为 they，所以我们使用反身代词 themselves 作为动词 protect 的宾语。它们构成的是 S+V+O 句型。

- That pen is mine.（那支钢笔是我的。）
  表语（P）

  🖊 主语已经明确指出表述对象为 pen，所以我们使用物主代词的名词形态 mine。它们构成的是 S+V+P 句型。

- People usually called an anonymous person someone.

  补语（C）

  （人们常常称匿名的人为"某个人"。）

  ✎ 此句为 S + V + O + C 句型，其中的不定代词 someone 与宾语 an anonymous person 对应，用作宾语的补语。

- Joe doesn't like sharing food with others．（乔不喜欢与其他人分享食物。）

  介宾（Op）

  ✎ 此句为 S + V + O 句型，其中不定代词 others 用作介词 with 的宾语（介宾），两者组合后的语义为"与其他人"。

三 名词性结构

由于名词和代词等词类的表达能力具有局限性，因此有时我们需要其他描述能力更为强大的结构在句中充当名词，以表达更丰富的语义。例如：

- To finish the work in hours is impossible.（句型：S + V + P）

  （几小时内完成这项工作是不可能的。）

句中动词不定式 To finish the work in hours 被当作名词使用，并用作为句子的主语。

本书将使用"**名词性结构**"来表述这类可以充当名词使用的结构，而以上句子中的动词不定式 To finish the work in hours 就是名词性结构。

哪些结构可以用作名词性结构？

讨论哪些结构可以用作名词性结构，实际上也就是回答"**核心问题三：哪些结构可以当作名词使用？**"

前面所学的名词和代词显然是名词性结构，那么下表中列出的七类复杂结构中哪些可以用作名词性结构呢？

"一类短语"	介词短语
"三类从句"	名词性从句、定语从句、状语从句
"三类非谓语动词"	动名词、分词、动词不定式

在此，我们首先来了解一下这七类结构：

01 **介词短语**是由"介词 + 名词"构成的结构，它可以被当作**形容词**或**副词**使用。例如：

- Tina loves the toy bear with a pink nose.
  （蒂娜喜欢那个有着粉红色鼻子的玩具熊。）
  > 介词短语 with a pink nose 用作定语，修饰名词 the toy bear，两者组合后表示"有着粉红色鼻子的玩具熊"。

- We are all hungry for knowledge. （我们渴求知识。）
  > 介词短语 for knowledge 用作状语，修饰形容词 hungry，两者组合后表示"渴求知识"。

英语中共有三类从句形式，分别为名词性从句、定语从句和状语从句。

02 **名词性从句**是可以被当作**名词**使用的从句。例如：

- I know what he is doing. （我知道他在做什么。）
  > 名词性从句 what he is doing 在句中充当宾语，表示"他在做什么"。

03 **定语从句**是可以被当作**形容词**使用的从句。例如：

- The man who wrote the book is famous. （写这本书的人很有名。）
  > 定语从句 who wrote the book 用作定语修饰名词 The man，两者组合后表示"写这本书的人"。

04 **状语从句**是可以被当作**副词**使用的从句。例如：

- After you left, we all missed you. （在你离开之后，我们都很想念你。）
  > 状语从句 After you left 用作状语，修饰主句 we all missed you，表示"我们都很想念你"这件事发生的时间是"在你离开之后"。

英语中共有三类非谓语动词，分别为动名词、动词不定式和分词。从"非谓语动词"这个名称我们可以得到两个方面的信息：一是这类结构不能用作谓语，二是这类结构与动词有关。

讲到这里，有些人可能会很吃惊："动词不能用作谓语？这不是和之前讲解的内容相互矛盾了吗？"这里需要解释一下，之所以会有"非谓语动词"这个概念，就在于"动词"这一词类实在是太灵活、太好用了。但是，当动词用作句子成分时只能作为谓语，在很大程度上限制了它的作用。

所以，我们选择对动词作相应的改写，将其转变为三类非谓语动词之一，让它能够用作主语、定语、状语等非谓语句子成分，使它能够满足我们在表达方式多样性上的需求。

05 **动名词**的构成形式为"V + ing"（即在动词后面加 ing），是可以被当作**名词**使用的结构。例如：

- I enjoyed playing tennis with you.（我喜欢和你一起打网球。）
    - play 是动词，而 playing 是动名词，这时我们就可以将其当作一个名词来使用。如以上句子中的 playing tennis with you 就是动词 enjoyed 的宾语。

06 **动词不定式**的构成形式为"to + V"，是可以被当作**名词、形容词和副词**使用的结构。例如：

- To dance is one of my hobbies.（跳舞是我的一个爱好。）
    - 动词不定式 To dance 被当作一个名词放到了主语的位置上，它在句中表示"跳舞"。

- That is a good idea to talk about.（那是一个值得讨论的好主意。）
    - 动词不定式 to talk about 用作定语，修饰名词 a good idea，两者组合后表示"一个值得讨论的好主意"。

- I called Andy to tell him something exciting.
    （我给安迪打电话告诉了他一件令人激动的事情。）
    - 动词不定式 to tell him something exciting 用作状语，修饰动词 called，表示的是：我给安迪打电话的目的是"告诉他一件令人激动的事情"。

07 **分词**的构成形式为"V + ing（现在分词）"或"V + ed（过去分词）"，它是可以被当作**形容词和副词**使用的结构。例如：

- We would like some fried rice.（我们想要点炒饭。）
  - 过去分词 fried 用作定语，修饰名词 rice，表示"炒过的米饭"，即我们熟知的"炒饭"。

- Tony lay on the couch reading a magazine.

  （托尼躺在沙发上读一本杂志。）
  - 现在分词 reading a magazine 用作状语，修饰动词 lay，表示的是：托尼躺在沙发上同时在做的另外一件事是"读一本杂志"。

简要介绍七类结构之后，我们可以得出"哪些结构可以当作名词性结构使用"这个问题的答案应为：七类结构中有三类能用作名词性结构，分别为**名词性从句、动名词和动词不定式**。其中，名词性从句和动名词的名称中就带有"名词"两字。

	介词短语	名词性从句	定语从句	状语从句	动名词	不定式	分词
能否用作名词性结构	×	√	×	×	√	√	×

名词性结构的用法

与名词和代词的用法相同，**名词性从句、动名词和动词不定式这三类名词性结构同样可以被置于名词所处的五个位置上**，即主语（S）、宾语（O）、表语（P）、补语（C）、介宾（Op）。

本章接下来将针对名词性从句、动名词和动词不定式分别举例，使大家对这三类名词性结构的用法有一个粗略的概念，它们更详细的用法将在随后每类结构的单独章节中介绍。

名词性从句作为名词性结构的用法

名词性从句能够被置于上述名词所处的五个位置上。例如：

- What we need now is money.（我们现在需要的是钱。）
  　　　主语（S）

- I know which one you may want.（我知道你可能想要哪一个。）
  　　　　　　宾语（O）

- His suggestion was that we should stay calm.（他的建议是我们应保持冷静。）
  　　　　　　　　　表语（P）

- Sadness made me who I am.（悲伤使我成了现在的我。）
  　　　　　　　补语（C）

- We are curious about what you are going to say.（我们很好奇你想说什么。）
  　　　　　　　　　　介宾（Op）

动名词作为名词性结构的用法

动名词也能够被置于上述名词所处的五个位置上。例如：

- Getting up early is a good habit.（早起是一个好习惯。）
  　　主语（S）

- I really enjoy talking with my friends.（我很享受与朋友们交谈。）
  　　　　　　宾语（O）

- One of my hobbies is playing chess.（我的一个爱好是下棋。）
  　　　　　　　表语（P）

- We call this sport hiking.（我们称这种运动为徒步旅行。）
  　　　　　　补语（C）

- Tom spent lots of time in typing this letter.（汤姆打这封信花费了很多时间。）
  　　　　　　　　　介宾（Op）

动词不定式作为名词性结构的用法

动词不定式可以被置于主语（S）、宾语（O）、表语（P）、补语（C）这四个名词所处的位置上。

- To hesitate means failure.（犹豫意味着失败。）
  　主语（S）

- We wanted to leave.（我们想离开。）
  　　　宾语（O）

- My work is to clean rooms every day.（我的工作是每天打扫房间。）
  　　　　　　表语（P）

- He asked me to translate this paper.（他让我翻译这篇论文。）
  　　　　　　补语（C）

与其他名词性结构不同的地方是：我们不能将动词不定式置于介宾（Op）的位置上，也就是说不能出现"介词+动词不定式"的组合，如以下句子就是错误的：

- I get used to to get up early.（我习惯了早起。）（×）
  　　　　　介宾（Op）

我们可以这样记忆：因为 to 有介词的词性，为避免出现类似以上句子中 to to do something 这种看起来非常奇怪的搭配，所以我们不能将动词不定式放在介宾（Op）的位置上。

练习四

本章我们学习了五类名词性结构（名词、代词、名词性从句、动词不定式、动名词）和名词所处的五个位置，即主语（S）、宾语（O）、表语（P）、补语（C）、介宾（Op）。请按照如下要求写句子。

要求：针对每类名词性结构分别写五个句子；在这五个句子中，名词性结构分别位于上述名词所处的五个位置上。

名词：_____

_____

_____

_____

_____

代词：_____

_____

_____

_____

_____

一看就懂的英语语法书

名词性从句：_____
_____
_____
_____

动词不定式：_____
_____
_____
_____

动名词：_____
_____
_____
_____

第 5 章
形容词和定语

在前文中,我们学习了如何在句子中代入名词和名词性结构,以构造满足我们需求的句型。本章将更进一步介绍如何使用形容词(定语)修饰句子中的名词,以使我们构造的句子更加多样化且表述更加准确。

 形容词

形容词的作用是修饰名词或代词,以表示被修饰词的性质、状态、特征或属性。在词典中,形容词被标记为 *adj.* 。例如:

beautiful 的词性为形容词,意思是"美丽的"。

以下是常见的形容词示例:

| black | white | beautiful | public | happy | cloudy | bright |
| careful | nice | delicious | perfect | soft | simple | hard |

一看就懂的 英语语法书

形容词的用法

此处讨论的是形容词的用法，实际上也就是回答"核心问题二：如何使用形容词？"

答案是：**我们使用形容词来修饰名词和代词。**

■ 形容词修饰名词

我们使用形容词修饰名词时，一般将其置于名词之前，例如下面例子中的 black 和 beautiful。

- the black coat（黑色的外套）
- a beautiful evening（一个美丽的夜晚）

当多个形容词同时修饰一个名词时，我们会将它们按照"限定词（determiners）→性质→大小→形状→新旧→年龄→颜色→来源→材质"的顺序依次置于这个名词之前。

比如以下句子中的 a 是限定词、beautiful 表示性质、little 表示大小、red 表示颜色：

- I have a beautiful little red flower.（我有一朵美丽的小红花。）
  🖉 我们一般将冠词（a/an/the）、形容词性物主代词（my/your/his 等）、some/many 等限定词当作形容词看待。

这里顺便讲解一下形容词与副词在修饰对象时的区别，比如以下例子中的 beautiful 和 deep：

- a beautiful red flower（一朵美丽的红花） ①
- a deep red flower（一朵深红色的花） ②

在短语①中，因为形容词只能修饰名词或代词，所以形容词 beautiful 和形容词 red 一样，修饰的都是名词 flower。

而在短语②中，因为副词 deep 不能修饰名词，所以它修饰的是与之毗邻的形容词 red，表达"deep red（深红）"之意。当然，deep 也有形容词的词性，但"a deep flower（一朵深的花）"显然是不正确的，由此也可以判断短语②中的 deep 并非形容词。

形容词修饰代词

形容词不能用于修饰一般代词，即它不能修饰指代对象已经非常明确的代词。用下面的示例来解释一下原因：

- Terry is a worker. He works in a factory.
  （特里是一名工人。他在一家工厂里工作。）

形容词的作用是让被修饰对象更加具体。以上句子中的代词 He 显然指代前一句话中的 Terry，指代关系已经非常明确，所以我们不能再用形容词使它更加具体了。因此，我们不会见到"nice he（友善的他）""hard-working he（勤勉的他）"之类的用法。

形容词可以用于修饰不定代词。由于不定代词并不指代任何特定的对象，所以我们可以用形容词来为它添加修饰信息，使其更加具体。

注意：当我们用形容词修饰 something/anybody 等由两个词复合而成的不定代词时，一般将形容词置于此类不定代词之后。例如：

- This is something new to me.（这对我来说是新事物。）
- Do you know anybody interesting?（你认识哪个有趣的人吗？）

如果将形容词 new 置于不定代词之前（即 new something），就会感觉比较别扭。为什么呢？因为英语中的习惯是**限定词必须置于形容词之前**。

something 相当于 some thing，而"new something"则是将形容词 new 置于限定词 some 之前，这样做有违语法规则。又由于形容词通常紧挨着被修饰词，所以我们只能"退而求其次"，将形容词放在不定代词之后，于是便形成了 something new。

二 定语

定语是广义的形容词，是能够当作形容词使用的结构。

能够用作定语的结构

此处讨论的是能够用作定语的结构，实际上也就是回答"**核心问题三：哪些结构可以当作形容词使用？**"

在"第 4 章 名词和名词性结构"中我们已经得到了答案：七类复杂结构中有四类能用作定语，分别为：**介词短语、定语从句、动词不定式、分词**。如下表所示：

	介词短语	名词性从句	定语从句	状语从句	动名词	动词不定式	分词
能否用作定语类结构	√	×	√	×	×	√	√

定语的限定作用

定语的作用是**进一步限定其所描述的对象，以使其更加具体**。

比如，我与一个朋友分享一则刚看到的新闻：

- The actress will get married next year.
  （那个女演员明年会结婚。）

如果我和这个朋友经常一起分享此类新闻，肯定就能心领神会是哪个女演员，此时就不需要用定语来限定 The actress 了。

但如果我将这则新闻告诉父母，只说"The actress"的话他们肯定不清楚所指对象，他们就会问："哪个女演员？你说的是谁？"

为了表述清楚是哪个女演员，我就会用各种定语来限定 The actress。例如：

- the charming actress（那个有魅力的女演员）
- the actress always in a black dress（那个总是穿黑裙子的女演员）
- the actress who co-starred with Johnny Depp in a movie
  （那个之前和约翰尼·德普一起主演电影的女演员）

这样一来，他们可能就明白我所说的是谁了。

形容词 charming、介词短语 always in a black dress 和定语从句 who co-starred with Johnny Depp in a movie 用作定语，使 The actress 有了更清晰的指向性，缩小了 The actress 所指对象的范围，使听者能够明确说话者描述的对象到底是谁，这就是定语的限定作用。

这也解释了为什么我们无法用形容词直接修饰一般代词，就是因为一般代词的指向性已经非常明确，所以无须用定语来限定以使其更加具体。

四类复杂结构作定语时的用法

当用作定语时，介词短语、定语从句、动词不定式、分词这四类复杂结构**只能用于修饰名词或代词，且须紧跟在被修饰词之后**，它们均可以被译为"……的"。此处将简述这四类结构作定语时的用法。

介词短语用作定语

介词短语用作定语时，须置于名词或代词之后。例如：

- We are taking care of kids from the slum.
  （我们正在照顾那些来自贫民窟的孩子。）
  介词短语 from the slum 用作定语修饰名词 kids，表示"来自贫民窟的孩子"。

以下是更多介词短语用作定语的示例：

- I know someone in the world is waiting for me.
  （我知道这个世界上的某个人正在等着我。）
- Can you tell me the way to the hospital?
  （你能告诉我去医院的路怎么走吗？）

一看就懂的英语语法书

■ 定语从句用作定语

定语从句用作定语时，也需要置于名词或代词之后。例如：

- The village where I was born was very small.
  （我出生的村庄非常小。）
  > 定语从句 where I was born 用作定语，修饰名词 The village，表示"我出生的村庄"。

以下是更多定语从句用作定语的示例：

- There was nothing that I could do.
  （没有我能做的事情。）
- He contacted a firm which makes furniture.
  （他联系了一家生产家具的公司。）

■ 动词不定式用作定语

动词不定式用作定语时，也需要置于名词或代词之后。例如：

- He is the man to leave.
  （他是那个要离开的人。）
  > 动词不定式 to go 用作后置定语，修饰名词 the man，表示"要离开的人"。

以下是更多动词不定式用作定语的示例：

- Would you like something to drink?
  （你想要喝的东西吗？）
- I am looking for a room to live in.
  （我正在寻找一个可以住的房间。）

■ 分词用作定语

分词分为现在分词和过去分词。当这两类分词用作定语时，也需要置于名词或代词之后。例如：

- The book bought from the bookstore is very interesting.

（这本从书店购买的书非常有趣。）
> 过去分词短语 bought from the bookstore 用作后置定语，修饰名词 The book，表示"从书店购买的书"。

以下是更多分词用作定语的示例：

- Anyone coming from that college is respected.
（来自那所学院的人是受尊敬的。）
- The new dam is a project funded by the government.
（这座新大坝是一个由政府出资的项目。）

定语的位置

与另外四类复杂结构相比，形容词的位置更为灵活。**形容词可以置于被修饰词之前或之后**。例如：

修饰名词：friendly relations（友好的关系）
修饰代词：someone smart（某个聪明的人）

而介词短语、定语从句、分词、动词不定式只能置于被修饰词之后。具体原因如下：

在中文中，基本上所有的定语都置于被修饰词之前，是因为中文中有一个异常强大的词——"**的**"。无论一个定语有多长，我们只需要在定语与被修饰词之间加上"的"就可以了。例如：

"我喜欢写那种有近 100 个字中英文混杂且没有标点符号的句子。"

可是英语里并没有像"的"这样好用的词，所以我们只能这样用：

- apples in the basket（篮子里的苹果）
- the girl that comes from Xi'an（那个从西安来的女孩）

此类结构不能放在被修饰词之前，否则会造成阅读上的混乱和理解上的困难。如下所示：

- in the basket apples（×）
- the who comes from Xi'an girl（×）

047

出于上述原因，介词短语、定语从句、动词不定式、分词这四类较长的结构用作定语时一般只能位于名词或代词之后。

练习五

本章我们学习了五类可以用作定语的结构（形容词、介词短语、定语从句、动词不定式、分词）。请尝试按照要求分别针对每类结构写两个句子。

句1：此类结构用作其中一个名词的定语；
句2：此类结构用作其中一个代词的定语。

形容词用作定语：
___
___

介词短语用作定语：
___
___

定语从句用作定语：
___
___

动词不定式用作定语：
___
___

分词用作定语：
___
___

拓展 1　聊聊 be 动词的用法

在英语中，最常见的系动词是"be 动词"，它的全部形态如下：
is　are　am　was　were　been　be　being

be 动词的作用是连接主语和表语，它只有语法上的连接作用，并无实在的词义。例如：

- The ship was coming to shore.（那艘船正在靠岸。）
- The book is on the shelf.（那本书在书架上。）
- Students are here.（学生们在这里。）

对照以上三句话的中文翻译，我们不难发现其中的 be 动词并没有任何实在的词义。

be 动词后的表语

be 动词的作用是连接其前后两个结构。那么，哪些结构可以跟在 be 动词后面用作表语呢？

名词性结构用作表语

我们在"第 2 章 主谓宾定状补表"中曾经学过——**名词和形容词均可以用作表语**。

既然名词性结构是可以当作名词使用的结构，所以"第 4 章 名词和名词性结构"中提到的五类名词性结构（名词、代词、动名词、名词性从句、动词不定式）均可跟在 be 动词之后用作表语。如下所示：

- They are soldiers.　　　　　　　　　（名词）
  （他们是士兵。）

- What I want is nothing.　　　　　　（代词）
  （我什么都不要。）

- My job was painting on the walls.　　（动名词）
  （我的工作是在墙上画画。）

- The reason is that his car broke down.　（名词性从句）
  （原因是他的车子损坏了。）

- My dream is to travel around the world.　（动词不定式）
  （我的梦想是环游世界。）

定语类结构用作表语

既然定语是广义的形容词，那么"第5章 形容词和定语"中提到的五类定语类结构（形容词、定语从句、介词短语、动词不定式、分词）是不是都可以跟在be动词之后用作表语呢？

答案是：可以。

> **注意** 有两类结构（动词不定式和从句）既可以充当名词又可以充当形容词，而这两类结构用作表语时表现出的是名词的性质，而不是形容词的性质。

所以除去动词不定式和从句后，定语类结构能够用作表语的有**形容词**、**介词短语**和**分词**。如下所示：

- He is generous.　　　　　　　（形容词）
  （他很慷慨。）

- A bridge was over the river.　　（介词短语）
  （一座桥横跨那条河。）

- Ships were coming to shore.　　（分词）
  （船正在靠岸。）

- The teacher is here.　　　　　（地点副词）
  （那位老师在这里。）

大家或许注意到了：副词不能用作表语，但为什么"**地点副词**"会出现在上述示例中呢？

事实上，副词中的 here, there, elsewhere, everywhere, somewhere 等**表示地点**的副词均能用作表语，因为**此类副词可以被看作介词短语的变形**，例如：everywhere = in every place。

定语和补语是怎么来的？

我们先想想这个问题："既然 be 动词没有实在的词义，那我们为什么不把它省略呢？"

在回答之前，我们不妨将前文提及的三个例句中的 be 动词省略，只留下主语和表语，则得到以下三个短语：

$$\begin{cases} \text{the ship coming to shore} \\ \text{the book on the shelf} \\ \text{students here} \end{cases}$$

仔细一看，奇妙的现象出现了。

定语的构成

当省略 be 动词后，原句中的表语变为了**修饰主语的定语**，即：

- the ship coming to shore（那艘正在靠岸的船）
- the book on the shelf（那本在书架上的书）
- students here（这里的学生）

如果将上述三个短语运用到句子中，则可以得到：

- The ship coming to shore is from Singapore.
  （那艘正在靠岸的船来自新加坡。）

- The boy tried to reach the book on the shelf.
  （男孩尝试着去够到那本在书架上的书。）

- Students here have made good effort.
  （这里的学生做出了很大的努力。）

一看就懂的英语语法书

我们不妨再利用之前提及的部分示例，一起来看看将其中的 be 动词省略后会出现什么情况。

- The reason is that his car broke down.（原因是他的车损坏了。）
  - 省略 be 动词后，原来的表语 that his car broke down 变成了直接修饰 The reason 的定语，The reason that his car broke down 的语义为"他的车损坏的原因"。
- My dream is to travel around the world.（我的梦想是环游世界。）
  - 省略 be 动词后，My dream to travel around the world 的语义为"我环游世界的梦想"。
- A bridge was over the river.（一座桥横跨那条河。）
  - 省略 be 动词后，A bridge over the river 的语义为"一座横跨那条河的桥"。

至此，我们可以得出结论：**定语实际上是 S＋V＋P 句型省略 be 动词后的产物。**

■ 补语的构成

我们在"第 2 章 主谓宾定状补表"中学过补语的构成原理，即：**省略名词性从句（S＋V＋P 句型）中的 be 动词后，从句中的表语就变成了补语。** 例如：

- They described that the man was nice and generous.
  （他们说那个人和蔼且慷慨。）
- They described the man nice and generous.

我们同样可以用前文提及的三个短语来构成包括补语的句子。如下所示：

- Kids watched the ship coming to shore.
  （孩子们看着那艘船渐渐靠岸。）
- I put the book on the shelf.
  （我把那本书放到了书架上。）
- The teacher had left students here.
  （那位老师把学生们留在了这里。）

所以，补语也是 S＋V＋P 句型省略 be 动词后的产物。

实际上，通过省略 be 动词除了能构成定语和补语外，还能构成更多更加有趣的结构，此部分内容将在"第 19 章 复杂句的省略"中详细介绍。

第6章
副词和状语

在上一章中,我们学习了如何使用定语来修饰句子中的名词或代词。而本章将介绍如何使用副词(状语)修饰句子中除名词和代词以外的其他结构。

一 副词

副词修饰除名词和代词以外的结构,也就是说它可以修饰动词、形容词、副词、短语和句子等。

副词在词典中被标记为 *adv.*,例如 fortunately 就是副词,意思是"幸运地"。

以下是更多常见的副词示例:

| sometimes | already | yet | carefully | suddenly | quickly |
| recently | almost | only | however | finally | very |

 副词的分类

本章将介绍日常生活中使用频率最高的六类副词,分别为:评论副词(adverbs

of comment)、方式副词(adverbs of manner)、频率副词(adverbs of frequency)、程度副词(adverbs of degree)、时间副词(adverbs of time)、地点副词(adverbs of place)。

1 评论副词

评论副词用于表示说话者的态度和意见。这类副词在使用时必须放在句首，且须用逗号将其与句子隔开。常见的评论副词有 fortunately，honestly，surprisingly，basically，finally 等。例如：

- Honestly, I do not remember him.
  （老实说，我不记得他了。）

- Basically, I agree with your plans.
  （基本上，我同意你的方案。）

一般来说，我们使用评论副词为后面所表述的内容定一个基调，目的是使对方对我们的态度有一个心理上的预期。

除评论副词外，其余五类常用副词如下表所示：

方式副词	频率副词		程度副词	时间副词	地点副词
quickly	always	100%	very	yesterday	there
recently	usually		rather	today	here
slowly	often		quite	yet	somewhere
quietly	frequently		almost	already	downstairs
closely	sometimes		extremely	still	nearby
badly	rarely		too	tonight	outside
gently	never	0%	a little	then	backwards

✎ 由上至下，频率副词所表示的频率逐渐降低。

这五类副词看似难以记忆和理解，但实际上它们的作用就是回答以 how/how often/how much/when/where 开头的问题。例如：

— How often do you drink coffee?（你多久喝一次咖啡？）

— I usually drink coffee.（我经常喝咖啡。）

— When did you drink coffee last time?（你上次喝咖啡是什么时候？）

— I drank coffee yesterday.（我昨天喝咖啡了。）

— Where did you drink coffee?（你在哪里喝的咖啡？）

— I drank coffee here.（我在这里喝的咖啡。）

以上 usually，yesterday，here 三个副词修饰动词 drink/drank，分别为这个动作添加了频率（**经常**）、时间（**昨天**）、地点（**这里**）等附加信息。

2 方式副词

方式副词一般用于修饰动词，作用是为动词添加"该动作发生的方式"这个附加信息，即回答以 how 开头的问题。例如：

> 修饰动词 laughed，回答"how"
> The guests laughed loudly.

在以上句子中，方式副词 loudly 修饰动词 laughed。当添加方式副词以后，我们知道了客人们笑的方式——"大声地"笑。

再如：

- The teacher is swimming fast.（那位老师游得很快。）
- He looked at her quietly.（他静静地看着她。）

同样，方式副词 fast 和 quietly 分别表明：那位老师游泳的方式是"很快地"，而他看着她的方式是"静静地"。

3 频率副词

频率副词一般也用于修饰动词，作用是为动词添加"该动作发生的频率"这个附加信息，即回答以 how often 开头的问题。例如：

```
        修饰动词 dream，回答 "how often"
I  always  dream of having a house.
```

I dream of having a house 的意思是"我梦想着拥有自己的房子"。这是我一直以来的梦想还是只是偶尔想到它？这时就需要使用频率副词来明确了。添加频率副词 always 修饰动词 dream 之后，就明确表明了这是我"一直以来"的梦想。

再如：

- We sometimes received letters from her.
  （我们有时会收到她的信。）
- The little girl never wastes any food.
  （那个小女孩从不浪费食物。）

以上示例中的频率副词 sometimes 和 never 分别修饰动词 received 和 wastes，明确了这两件事情发生的频率，即：我们收到她的信的频率是"有时"；那个小女孩浪费食物的频率是"从不"。

4. 程度副词

程度副词一般用于修饰形容词和副词，作用是为这些词添加"程度"这个附加信息，即回答以 how much 开头的问题。例如：

```
        修饰副词 well，回答 "how much"
She knows me  very  well.
```

以上句子中的程度副词 very 修饰副词 well，进一步加强了 well 所表示的程度，即她不仅"了解我"，而且"非常了解我"。

再如：

- This spring is rather cold. （今年春天相当冷。）
- Are you quite sure about your decision? （你对自己的决定非常确定吗？）

在以上两个示例中，程度副词 rather 和 quite 分别加强了其后形容词 cold 和 sure 的程度，表示"相当冷"和"非常确定"。

5. 时间副词

时间副词一般用于修饰动词和整个句子，作用是为它们提供"该动作发生的时间"这个附加信息，即回答以 when 开头的问题。例如：

以上句子中的时间副词 now 修饰动词 do，表示"现在"我不知道应该做什么。

再如：

- I went to the office today. （我今天去办公室了。）
- She is going to Paris tomorrow. （她明天要去巴黎。）

可见，时间副词 today 和 tomorrow 分别为两句话的动词添加了时间属性，表示我去办公室的时间是"今天"，而她要去巴黎的时间是"明天"。

6. 地点副词

地点副词一般也用于修饰动词和整个句子，作用是为它们提供"该动作发生的地点"这个附加信息，即回答以 where 开头的问题。例如：

以上句子中的地点副词 upstairs 修饰动词 rushed，为 rushed 这个动词添加了有关地点的信息，即茱莉亚冲到了"楼上"。

再如：

- Let us go outside to play！（让我们出去玩吧！）
- You will have to live here.（你得在这里住。）

地点副词 outside 和 here 分别为两句话中的动词添加了地点属性，表示我们要去的地方是"外面"，而你需要住的地方是"这里"。

除上述六类常用副词外，这里顺便介绍一类用法非常特殊的副词——**连接副词**。为什么说它比较特殊呢？因为连接副词并不修饰任何结构，它的作用是连接其前后的两个句子，如以下例子中的 However：

- I'd like to help you. However, my hands are full.

  （我愿意帮助你。可是，我腾不出手来。）

此时，如果我们删除 However 前面的一句话，就会得到：

- However, my hands are full. （×）

  （可是，我腾不出手来。）

可见，如果没有前一句话作为铺垫，连接副词和其后句子的存在就失去了意义，所以这句话是错误的。

不难发现，连接副词 however 的作用类似并列连词 but 的作用。

> **注意** 使用连接副词时，通常用逗号将它与后面的句子分离。除 however 外，常用的连接副词还有 therefore，nevertheless，moreover，thus 等。

副词的用法

讨论副词的用法，实际上就是回答"核心问题二：如何使用副词？"具体说来，我们需要解决以下两个问题：

> 1. 副词可以修饰什么结构？
> 2. 副词可以被放在句子中的什么位置？

我们在前文介绍过副词修饰的对象是"**除了名词和代词以外的其他结构**"。而接下来需要解决的问题是——修饰这些对象时，副词应该放在什么**位置**呢？

说来也简单，副词在句子中的位置无非就是"句首""句中（被修饰词之前）"和"句末"。如下所示：

- Frankly, you have to eat something. （坦白说，你得吃点东西。）
  句首

- Andy has always wanted to play. （安迪总是想着玩。）
  句中

- They are getting married tomorrow. （他们明天结婚。）
  句末

副词修饰形容词、副词、短语、动词不定式等结构时的位置

当副词修饰形容词、副词、短语、动词不定式等时，一般被置于"句中（被修饰词之前）"。例如：

- The old king was completely frustrated. （老国王极度地沮丧。）
  ✎ 副词 completely 修饰形容词 frustrated，两者组合后的语义为"极度地沮丧"。

- You walk too fast! （你走得太快了！）
  ✎ 副词 too 修饰其后的副词 fast，两者组合后的语义为"太快"。

- Disaffection broke out almost from the start.
  （不满情绪几乎从一开始就爆发了。）
  ✎ 副词 almost 修饰介词短语 from the start，两者组合后的语义为"几乎从一开始"。

- I'm here just to make up the number.
  （我在这儿仅仅是为了凑数。）
  ✎ 副词 just 修饰动词不定式 to make up the number，两者组合后的语义为"仅仅是为了凑数"。

一看就懂的英语语法书

副词修饰句子时的位置

当副词修饰句子时，通常被置于"句首"。评论副词、时间副词、频率副词等都可以被置于句首修饰整个句子。例如：

- Clearly, we have got the trophy.（很明显，我们拿到了奖杯。）
- Tomorrow, my boss will have a meeting.（我的老板明天有一个会要开。）
- Sometimes, I don't want to have dinner.（有时候，我不想吃饭。）

副词修饰动词时的位置

在前文提到的六类常用副词中，除评论副词只能用于修饰句子外，另外五类副词均可以用于修饰动词。

当副词**修饰动词**时，它所处的位置与修饰其他结构时的位置有所不同。副词修饰动词时一般被置于"句中（谓语之前）"或"句末"。接下来，我们将讨论各类副词在句子中所处的位置。

程度副词修饰动词时一般被置于"句中（谓语之前）"。例如：

- He has entirely forgotten about his sister.
  （他完全忘记了他妹妹。）
  程度副词 entirely 修饰动词 forgotten，两者组合后的语义为"完全忘记"。

- I almost thought that you had believed in him.
  （我几乎认为你相信他了。）
  程度副词 almost 修饰动词 thought，两者组合后的语义为"几乎认为"。

频率副词修饰动词时通常也被置于"句中（谓语之前）"。例如：

- Tony usually takes the bus to school.
  （托尼经常乘公交车去上学。）
  频率副词 usually 修饰动词 takes，两者组合后的语义为"经常乘坐"。

- We don't frequently see each other.
  （我们没有频繁地见面。）
  频率副词 frequently 修饰动词 see，两者组合后的语义为"频繁地见面"。

> **注意** 有一个例外，即当句子中的谓语动词为 be 动词时，频率副词只能被置于谓语动词之后。例如：
>
> - This is **often** the hardest thing for students.
>   （这通常是学生们觉得最困难的事。）
> - Decisions in life are **rarely** black or white.
>   （生活中的决策很少是非黑即白的。）
>   ✎ often 和 rarely 之类的频率副词实际上修饰的是 be 动词，但我们习惯上会将其置于 be 动词之后。

方式副词、**时间副词**和**地点副词**修饰动词时一般被置于"句末"。例如：

- The boa is moving **slowly**. （那条蟒蛇正在慢慢移动。）
- Listening to a cricket choir outside, I began to sing **softly**.
  （听着一只蟋蟀在外面歌唱，我轻声地唱了起来。）
  ✎ **方式副词** slowly 和 softly 均位于"句末"，分别修饰其前的动词 moving 和 sing。

> **注意** 为了让别人知道方式副词在句子中修饰的到底是什么结构，我们有时也会让副词尽量靠近其修饰的结构。例如：
>
> - The boy placed cherries on the cake **carefully**.
>   （男孩小心翼翼地把樱桃放在蛋糕上。）
>
> 其中，方式副词 carefully 被置于"句末"，修饰的是动词 placed。由于 carefully 之前是一个 S + V + O + C 句型的句子，使得它离动词较远。在这种情况下，我们也可以将副词调整至动词前面，使它更靠近被修饰的结构，如以下句子所示：
>
> - The boy **carefully** placed cherries on the cake.

再如：

- They go to the gym **weekly**. （他们每周去健身。）
- The evening was ending, but the night had not come **yet**.
  （傍晚已经进入尾声，但夜晚仍未到来。）

- Are there any supermarkets nearby?
  （附近有超市吗？）

- The glass shattered and the pieces flew everywhere.
  （杯子碎了，碎片飞得到处都是。）

如以上例子所示，**时间副词** weekly 和 yet 位于"句末"，分别修饰其前的动词 go 和 come。**地点副词** nearby 和 everywhere 位于"句末"，分别修饰其前的 be 动词（Are）和动词 flew。

以上是五类副词修饰动词时的常见位置。但正如前文所述，副词在句子中的位置非常灵活，有些副词甚至可以出现在三个位置中的两个甚至三个。例如：

- Soon, I will pay you a visit.　　　　　（句首）
- I will soon pay you a visit.　　　　　　（句中）
- I will pay you a visit soon.　　　　　　（句末）

那么，如何判断一个副词应该被置于句子中的什么位置呢？这里提供两种方法。

方法一 将各类副词置于它在句中的常规位置。

方法二 充分相信自己的语感。你可以将这个副词置于不同的位置，并分别尝试将句子诵读一遍，看看句子是否通顺流畅。如果句子通顺流畅，这种用法很有可能就是正确的。

为什么说 still，yet，already 是时间副词？

晚上 10 点，妈妈走进了小明的房间，询问他今天的作业完成情况。此时，小明有以下三个答案可供选择：

- I have finished it already.（做完了）　　　　　　①
- I'm still working on it.（还在做）　　　　　　　②
- It has not been completed yet.（没做完）　　　　③

可以看到，以上答案中分别使用了 already，still，yet。这三个副词在日常生活中的使用频率相当高，我们一起来了解一下它们的用法吧。

我们知道，时间可以被划分为三个阶段，即：过去（past）、现在（present）、将来（future）。而在 already, still, yet 这三个副词中，恰好 already 表示"过去"，still 表示"现在"，yet 表示"将来"。

我们可以这样来解释这三个副词：

- already — you have done it
- still — you are doing it
- yet — you will do it in the future

表示一件事情在"过去"已经发生了，应该用 already；

表示一件事情"现在"还在进行，应该用 still；

表示一件事情在"将来"某个时间才会发生，应该用 yet。

举一个简单的例子：

我们如何描述**箭头**所指苹果的状态呢？

在"过去"的某个时间点（可能是 1 秒钟之前），这个苹果与苹果树分离。从这个时间点开始，我们就可以说这个苹果不在树上，其状态可以描述为：

- The apple is not on the tree already.（这个苹果已经不在树上了。）

这个苹果"现在"所处的状态是正在往下落，我们可以说：

- The apple is still falling.（这个苹果仍在往下落。）

此时这个苹果并没有落到地上，它的落地是"将来"会发生的事情，所以我们可以说：

- The apple is not on the ground yet.（这个苹果还没落地。）

总而言之,因为 already, still 和 yet 分别表示"过去""现在"和"将来",所以我们将其归入了时间副词。

> **注意** yet 通常只用于否定句或者疑问句。举一个疑问句的例子:
>
> - Is the apple on the ground yet?
>
>   (这个苹果落地了吗?)
>
> 此时,我们可以回答:
>
> - Not yet. (还没呢。)
>
> 记住,我们不能将 yet 用于肯定句中。例如:
>
> - The apple is on the ground yet. (×)

二 状语

状语是广义的副词,是能够当作副词使用的结构。

能够用作状语的结构

讨论哪些结构可以用作状语,也就是回答"**核心问题三:哪些结构可以当作副词使用?**"。

在"第4章 名词和名词性结构"中我们得到的答案是:七类复杂结构中有四类能够作为副词使用,分别为**介词短语、状语从句、动词不定式、分词**。如下表所示:

	介词短语	名词从句	定语从句	状语从句	动名词	动词不定式	分词
能否用作状语类结构	√	×	×	√	×	√	√

状语的用法

同样，我们采用学习副词的方法来学习介词短语、状语从句、动词不定式、分词这四类复杂结构。讨论如何使用这四类结构，也就是讨论以下两个问题：

1. 它们可以修饰什么结构？
2. 它们可以被放在句子中的什么位置？

首先回答第一个问题：介词短语、状语从句、动词不定式、分词能够修饰的结构比副词要简单得多，它们一般只用于**修饰动词、形容词和句子**。

然后回答第二个问题：副词在句子可以位于"句首""句中（被修饰词之**前**）"和"句末"，而这四类结构则可以位于"**句首**""**句中（被修饰词之后）**""**句末**"。

> **注意** 这四类结构通常较长，将其放在被修饰词之前会影响读者对句子的理解，因而，当它们位于"句中"时，通常被放在被修饰词之后。

四类结构修饰句子时的情况

正如副词的作用是为被修饰结构添加时间、地点、频率、方式等附加信息，介词短语、状语从句、动词不定式和分词这四类"状语类结构"存在的意义也是为被修饰结构添加不同类型的附加信息。

介词短语、状语从句、动词不定式和分词均能被置于"句首"，用于修饰整个句子。如下所示：

- **In the concert**, there were three piano solos.
  （在那场音乐会中，有三次钢琴独奏。）

✎ 介词短语 In the concert 表示"地点"，它位于句首，为后面整个句子添加了有关地点的信息。此类介词短语也可以被看作一类特殊的地点副词。

- **Because they asked me to do it,** I did it.

  （因为他们让我这样做，所以我这样做了。）

      ✎ 状语从句 Because they asked me to do it 为后面的句子添加了有关"原因"的附加信息。

- **To finish the project,** they stayed up all night.

  （为了完成这项工程，他们整夜没睡。）

      ✎ 动词不定式用作状语时，一般是为被修饰结构添加有关"原因"和"目的"的信息。以上句子中的动词不定式 To finish the project 表示"目的"，即他们整夜没睡的目的就是"完成这项工程"。

- **Followed by his dog,** the hunter walked slowly in the forest.

  （他的狗在后面跟着，那个猎人在森林里慢慢地走着。）

      ✎ 分词短语 Followed by his dog 为后面的句子添加了有关"时间"的附加信息，当那个猎人在森林里慢慢地走着时，发生的另外一件事情是"他的狗在后面跟着"。

介词短语、动词不定式、分词修饰形容词的情况

除状语从句只能修饰句子外，介词短语、动词不定式和分词还可以修饰动词和形容词。 这三类结构修饰形容词时，须位于"被修饰词之后"。如下所示：

- We are ready **for the challenges**.

  （我们为应对挑战做好了准备。）

      ✎ 介词短语 for the challenges 修饰形容词 ready，为其添加的是"目的"这一附加信息，即我们做准备的目的是"应对挑战"。

- I am glad **to meet you**.

  （我很高兴见到你。）

      ✎ 动词不定式 to meet you 修饰形容词 glad，表示"原因"，即我很高兴的原因是"见到你"。

- She was happy **playing with her friends**.

  （她很高兴与朋友一起玩。）

      ✎ 现在分词 playing with her friends 修饰形容词 happy，表示"原因"，即她很高兴的原因是"和朋友一起玩"。

介词短语、动词不定式、分词修饰动词的情况

这三类结构修饰动词时也须位于动词之后,但却可以被置于"句中(被修饰词之后)"或"句末"。

以下介词短语 along the pathway/toward the house 和 in the woods 分别修饰句子中的动词 walked 和 caught。三个介词短语都是为动词添加有关"地点"的附加信息:

- They walked along the pathway toward the house. （被修饰词之后）
  （他们沿着小路走向那座房子。）

- He caught a bird in the woods. （句末）
  （他在树林里抓到了一只鸟。）

以下动词不定式 to have a short break 和 to support us 分别修饰句子中的动词 stopped 和 used。两个动词不定式都是为动词添加有关"目的"的附加信息:

- Mr Brown stopped to have a short break during the marathon.
  （布朗先生在马拉松比赛过程中停下来休息了一会儿。） （句中）

- He used his influence to support us. （句末）
  （他用他的影响力支持我们。）

以下现在分词 shopping 和 reading a magazine 分别修饰动词 go 和 stood。两个分词都是为动词添加有关"时间"的附加信息:

- We can go shopping this weekend. （句中）
  （我们这周末可以去购物。）

- He stood against the wall reading a magazine. （句末）
  （他靠墙站着,读着一本杂志。）

练习六

本章我们学习了五类可以用作状语的结构（副词、介词短语、状语从句、动词不定式、分词）。请尝试针对上述各类结构分别写三个句子,要求各类结构在三个句子中分别修饰动词、形容词和整个句子。

副词用作状语：
_____
_____
_____

介词短语用作状语：
_____
_____
_____

状语从句用作状语：
_____
_____
_____

动词不定式用作状语：
_____
_____
_____

分词用作状语：
_____
_____
_____

第 7 章
动词（时态）

通过学习前面的章节，我们知道了：名词、形容词、副词这三类词都可以被其他结构替代，而这些结构的作用是补充这三类词在表达能力方面的不足。但是，动词是四大词类中非常特别的存在，即"**核心问题三：哪些结构可以当作动词使用？**"的答案是：**任何一个结构都无法当作动词使用**。

为什么动词不能够被替代呢？因为动词是英语中用法最复杂、最灵活的一类词，所以我们无须用其他结构来替代它、辅助它或是充实它的用法。

动词功能强大且易于使用，因为我们仅仅通过改变它的形态，就能为一个句子增加**时态**、**语气**、**语态**等丰富的附加信息。

本书接下来将分别从**时态**、**语气**、**主谓一致**、**被动语态**这四个方面详细论述动词的用法，以回答"**核心问题二：如何使用动词？**"。

本章是动词用法中的"**时态**（tense）"。

📝 动词的分类

我们知道，动词分为及物动词、不及物动词和系动词三类。

及物动词表示的是一类动作。此类动作后面必须存在一个承受该动作的对象，我们称这类对象为宾语。如以下句子中的 bought 为及物动词，它所作用的对象是宾语 a car。

- Mr Brown <u>bought</u> a car. （布朗先生买了一辆车。）
  　　　　　及物动词

不及物动词表示的也是一类动作。但此类动作之后不需要任何对象来承受该动作。 如以下句子中的 worked 为不及物动词：

- They <u>worked</u> in a university. （他们在一所大学里工作。）
  不及物动词

系动词表示的是"状态"。它的作用是连接其前后两个部分（主语和表语）。 如以下句子中的 grow 就是系动词，它将其前后的主语和表语连接在一起，表示：主语 All cattle 的状态是 fat and strong。

- All cattle <u>grow</u> fat and strong. （所有的牛都长得肥胖且强壮。）
  系动词

实际上，名称中带有"动词"二字的词类还有**助动词**（auxiliary verbs，词典中标记为 *aux.*）和**情态动词**（modal auxiliary verbs）。但是，由于两者均不能独立用作谓语动词，**我们并不将其看作具有实际意义的动词**。以下是对助动词和情态动词的简单介绍。

助动词的用法

顾名思义，**助动词就是在句子中起到协助作用的一类词**。那么，它协助的对象是谁呢？当然是动词。因此，助动词的主要作用就是与动词紧密合作，两者配合起来为句子**添加时态、语态、疑问、否定等附加信息**。其中，使用最为频繁的是 do，have 和 be 动词这三个助动词。

我们可以使用助动词来**构成否定句**。例如将助动词 do 的否定形式 do not 与谓语动词 smoke 组合搭配来表示"不吸烟"：

- My friends do not smoke. （我的朋友们不吸烟。）

我们也可以使用助动词来**构成疑问句**。例如将助动词 do 前置至句首，来为整个句子添加疑问的语气：

- Do you speak English? （你说英语吗？）

我们还可以使用助动词来**构成时态**。例如将助动词 has 与谓语动词 cure 的过去分词形态 cured 相结合，构成现在完成时：

- The doctor has cured numerous people.
  （那位医生已经治愈了很多人。）

或是将助动词 is 与谓语动词 play 的现在分词形态 playing 相结合，构成现在进行时：

- A boy is playing with his friends over there.
  （男孩正在和他的朋友们在那儿玩。）

由上面的示例可知，助动词在句中不能独立作为谓语动词，它只能与谓语动词搭配使用。

情态动词的用法

情态动词的英文名为"modal auxiliary verbs"，由此不难看出，情态动词其实是一类特殊的助动词（auxiliary verbs）。

一般来说，**情态动词在句中须位于动词之前，表示说话者的猜测、肯定、犹豫等个人态度或感情。**常见的情态动词有 must, can, will, could, may, might, would, should 等。例如：

- Mr Bush may come tomorrow.（布什先生明天可能过来。）

我们使用情态动词 may 来表达个人不确定的态度，即"布什先生有可能来，但也存在其他的可能性"。

再举一个例子：

- You must leave at once.（你必须马上走。）

句中的谓语动词 leave 前加上了情态动词 must，将说话者命令的情绪加入了句子中，整句话的语气也变重了。

由于情态动词就是助动词，因此我们也可以用它来为句子添加疑问或否定的语气，如下所示：

- May Mr Bush come tomorrow?（布什先生明天可能来吗?）
- You mustn't leave.（你不应该走。）

> **注意** 情态动词之后的谓语动词只能使用原形，如以上示例中的 come 和 leave 就是动词原形。

综上所述，**助动词和情态动词都必须与谓语动词相结合**。因为不能独立作为谓语，所以它们并不是实际意义上的动词。

动词的四种形态

每个动词都有四种形态，即：原形（do）、过去式（did）、过去分词（done）、现在分词（doing）。比如，查阅动词 see 时可以得到：

see 英 [siː]   美 [si]

vt.&vi. 看见；领会，理解；查看；参观

变形 过去分词: seen 过去式: saw 现在分词: seeing 第三人称单数: sees

可以看到，动词 see 的四种形态分别为原形（see）、过去式（saw）、过去分词（seen）和现在分词（seeing）。例如：

- They have seen a cruise pass by.
  （他们看见一艘游轮驶过了。）
  ✎ 句中使用的是过去分词 seen，表示"看"这个动作已经完成。

- They saw a group of sharks while diving days ago.
  （他们几天前潜水时看到了一群鲨鱼。）
  ✎ 句中使用的是动词过去式 saw，表示"看"这个动作发生在几天前。

由上面的示例可知，当我们使用不同形态的动词时，句子表现出的是不同时间（现在、过去）和状态（已经完成、短暂持续），我们将其统称为不同的"**时态**"。

时态的定义

时态是一个动作发生的时间和当时所处的状态。"时"就是该动作发生的"时间"；"态"就是该动作在这个时间点的"状态"。

时态中的时间

我们一般将英语中的时间分为三个阶段，即过去（past）、现在（now）和将来（future）。例如：

- I worked in Shanghai.（我过去在上海工作。）
- I work in Shanghai.（我现在在上海工作。）
- I will work in Shanghai.（我将在上海工作。）

不难发现，上述三个示例除了动词的形态不同外，句子的其他成分是完全相同的。其中：

- worked 表示这个动作发生在**过去**；
- work 表示这个动作发生在**现在**；
- will work 表示这个动作发生在**将来**。

将三个示例中的动作用时间轴表示，可得到下图：

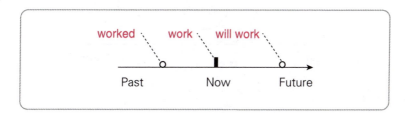

可以看到，我们仅**通过改变动词的形态就能表明这个动作发生的时间**，这充分体现了英语简洁高效的特点。

时态中的状态

时态中的**状态**指的是这个动作在某个时间点所处的状态。我们一般认为每个阶段的时间（过去、现在、将来）分别对应四种状态：**一般式**、**进行式**、**完成式**、**进行完成式**。

我们接下来将以"**现在**"这个时间点为例来讨论四类状态的形式，即：一般现在时、现在进行时、现在完成时和现在完成进行时。

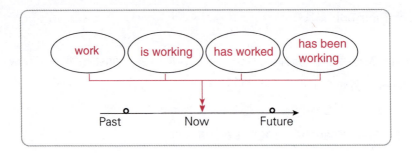

如上图所示，四类状态中的第一类为**一般式**（simple），它表示"**经常或频繁发生的动作**"，其具体动词形式为"动词原形 do"。例如：

- I work in Shanghai.（我在上海工作。）

以上句子中使用的是动词原形 work，表示"我在上海工作"是一个常态化的动作，即：我现在在上海工作，而且这个状态已经持续比较长的时间了。将这个句子绘制在时间轴中可得到：

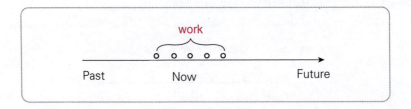

如上图所示，**一般式**是由多个经常发生的相同动作汇集而成的一类状态。

四类状态中的第二类为**进行式**（continuous），它表示"**正在进行的动作**"，具体动词形式为"be 动词+doing"。例如：

- I am working in Shanghai.（我正在上海工作。）

以上句子中的动词 am working 就是进行式，表示："我在上海工作"是一个正在发生的动作。将其绘制在时间轴中应为：

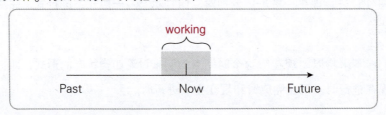

从上图可以看出，working 这个动作从过去某个时间点就一直在持续，而且直到现在还在发生。

四类状态中的第三类为**完成式**（perfect simple），它表示"**对一个之前已经结束的动作的总结**"，这类状态的具体动词形式为"have/has + done"。完成式重视的是该动作产生的"**结果**"（即这个动作的完成情况）。例如：

- I have worked in Shanghai.（我在上海工作过。）

以上句子使用的是完成式"have worked"，表示"我在上海工作"是一个已经完成的动作。将其绘制到时间轴中应为：

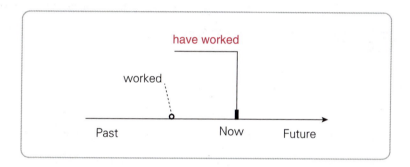

从上图可以看出，worked 这个动作在过去某个时间点或时间段发生过了，从现在这个时间点看已经结束了。所以，完成式相当于在现在这个时间点对已经发生的动作进行回顾和总结，得到的结果是：这个动作已经完成了。

四类状态中的最后一类为**完成进行式**（perfect continuous），它表示"**对一个正在发生动作的总结**"，具体动词形式为"have/has + been + doing"。从形式上可以看出，这类状态是进行式和完成式的组合，重视的是这个**持续动作产生的"结果"**（这个动作的持续时间）。例如：

- I have been working in Shanghai for 3 years.

    （我已经在上海工作三年了。）

以上句子使用了完成进行式"have been working"，表示"我在上海工作"产生的结果是"时长有三年了"。将其绘制到时间轴中应为：

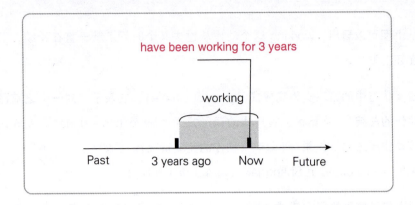

从上图可以看出，working 这个动作直到现在还在发生（而且有可能继续进行）。所以，完成进行式相当于站在"现在"这个时间点对一直在持续的动作进行回顾和总结，得到的结果是：这个动作已经持续三年了。

动词的十二类时态

如果我们将上述三类时间和四类状态组合，便会得到十二类时态。其中，最为常用的九类时态被标注了 ★ 符号，大家需要重点体会其用法和特点。

	一般式	进行式	完成式	完成进行式
现在	★一般现在时 do	★现在进行时 am/is/are doing	★现在完成时 have/has done	★现在完成进行时 have/has been doing
过去	★一般过去时 did	★过去进行时 was/were doing	★过去完成时 had done	过去完成进行时 had been doing
将来	★一般将来时 will do	★将来进行时 will be doing	将来完成时 will have done	将来完成进行时 will have been doing

现在，我们就一起来学习这十二类时态的用法吧，学习的顺序为：一般式、进行式、完成式、完成进行式。

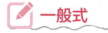 一般式

一般式表示"经常或频繁发生的动作"。这类状态与现在、过去、将来这三个时间点分别结合而成三类时态，即：**一般现在时**（present simple）、**一般过去时**（past simple）、**一般将来时**（future simple）。

1. 一般现在时（动词形式：do）

一般现在时的两个主要功能是：表示<u>事实或习惯</u>。例如：

- Light travels more quickly than sound.（光传播的速度比声音快。）
- His father is a businessman.（他的父亲是一名商人。）

✎ "光传播的速度比声音快"是客观事实，而他父亲的职业是确定的事实，所以我们在上面两个句子中使用一般现在时（动词 travels 和 is）表示"事实"。

- She often drinks coffee.（她常喝咖啡。）
- I get up at six every morning.（我每天早晨六点钟起床。）

✎ 上面两个句子表述的是"她喝咖啡"和"我早晨起床"这两种个人习惯，所以谓语动词使用 drinks 和 get。

如果我们将"She often drinks coffee."绘制到时间轴中，则可以得到：

因为一般现在时表示某个经常发生的动作，所以在图中体现出的就是多个表示"drink coffee"这个动作的"空心圆点"在时间轴上的组合。

2. 一般过去时（动词形式：did）

一般过去时表示<u>在某个过去时间点发生的动作</u>，而且<u>这个动作在过去就已经结束了</u>。例如：

- I watched the movie last week.（我上周看过这部电影。）

以上句子的谓语动词 watched 是动词 watch 的过去式。如果我们同样用"空心圆点"表示这个过去时间点，则将句子绘制到时间轴中可得：

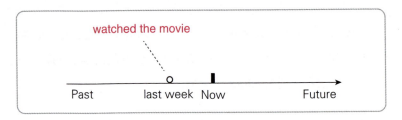

由上图可以看出，watched the movie 这个动作发生在过去的一个时间点，而且这个动作在过去就已经结束了。

更多一般过去时的例句如下所示，其中，was 和 received 表示相应动词的过去式。

- He was born in Beijing.（他出生于北京。）
- Simon received a medal for his heroism.
  （西门因其英雄行为获得了一枚奖牌。）

3. 一般将来时（动词形式：will do）

一般将来时表示在某个将来时间点会发生的动作。例如：

- Phoebe will live in a big city.（菲比将在大城市生活。）

以上句子的谓语动词 will live 表示一般将来时。我们同样用"空心圆点"来表示这个将来的时间点，将句子绘制到时间轴中可得到：

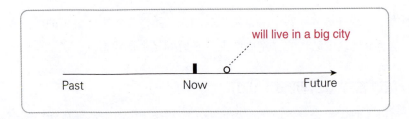

由上图可以看出，will live in a big city 这个动作发生在将来的某个时间点。

更多一般将来时的例句如下所示，其中，take 和 check 是动词原形。例如：

- The bellboy will take your luggage to your room.
  (服务生会将行李送到你的房间。)
- I will check up the figure tomorrow.
  (明天我将核对这个数字。)

进行式

进行式表示"正在进行的动作"。这类状态与现在、过去、将来三个时间点分别结合而成三类时态，即：**现在进行时**（present continuous）、**过去进行时**（past continuous）和**将来进行时**（future continuous）。

4. 现在进行时（动词形式：am/is/are doing）

现在进行时表示<u>现在正在进行的动作</u>。例如：

- I am playing tennis right now.
  (我正在打网球。)

以上句子中的 playing 是动词 play 的现在分词形式，表示动作正在进行。由于"正在进行的动作"必定会延续一段时间，所以我们用"矩形"来表示进行时，将上述句子绘制到时间轴中可得到：

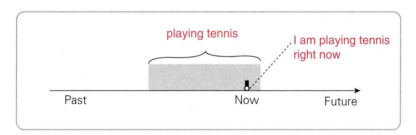

如上图所示，playing tennis 从某个过去的时间点开始一直延续到了现在，所以我们说"I am playing tennis right now"。

更多现在进行时的例句如下所示，其中 listening 和 making 为现在分词。例如：

- They are listening to the lecturer.
  (他们正在听那位演讲者讲话。)

一看就懂的英语语法书

- A group of students are making model planes.

  （一群学生正在制作模型飞机。）

在十二类时态中，有些时态是英语学习者非常容易混淆的。所以，本书在讲解时态的同时，也会以**专题形式**来比较某类时态与其他相似时态在用法上的区别，目的是回顾前文学过的知识，并通过比较的方式来加深大家对各类时态的理解。

▇ 时态专题1：一般现在时（do）与现在进行时（am/is/are doing）

一般现在时用于表示"**事实或习惯**"。例如：

- Yolanda comes from Singapore. （客观事实）

  （尤莲妲来自新加坡。）

  > 因为一个人出生时就拥有了国籍，而尤莲妲生来就是新加坡人，这是一个客观事实，所以谓语动词使用的是一般现在时。

再如：

- Tom eats a lot. （习惯）

  （汤姆吃得很多。）

  > 因为汤姆每顿都吃很多，这是他的习惯动作，所以这句话使用的也是一般现在时。

而现在进行时用于表示"**现在正在发生的动作，而且这个动作持续的时间较短暂**"。

如果我们将上面两句话的时态改为现在进行时，那么它们的含义会有什么变化呢？如下所示：

- Yolanda is coming from Singapore. （尤莲妲正从新加坡回来。）

  > 句子的含义变为强调"尤莲妲正从新加坡回来"这个短暂的动作。那她是否是新加坡人呢？这句话里已经找不到任何线索了。

- Tom is eating a lot. （汤姆正在吃很多东西。）

  > 这句话也变为了表述"汤姆正在吃很多东西"这个动作。那他是不是每顿都吃这么多呢？这点已无从知晓了。

> **小结：** 当我们描述一个**长期固定**的动作时，会使用**一般现在时**；而当我们描述一个**短期且正在发生**的动作时，会使用**现在进行时**。

这里做一个小测试，请大家判断下面句子中时态的用法是否正确：

1. John **is playing** football.（约翰会踢球。）
2. The price of chicken **goes up** this month.（本月，鸡肉价格在上涨。）
3. I **am driving** fast.（我开车很快。）
4. Watch out! A lorry **comes**.（小心！一辆卡车过来了。）

答案是：上面的四个句子都是错误的。

句1表述的是一个客观事实，即"约翰现在会踢球，以后也会踢球"，所以应该使用一般现在时：John **plays** football.

句2中有一个时间状语 this month，由此可知这句话表述的是一个最近发生的短期动作，所以应该使用现在进行时：The price of chicken **is going up** this month.

句3表述的是"我开车的习惯"，所以应该使用一般现在时：I **drive** fast.

句4表述的是临时的紧急状况，所以应该使用现在进行时：Watch out! A lorry **is coming**.

5. 过去进行时（动词形式：was/were doing）

过去进行时表示**在某个过去时间点正在进行的动作**。例如：

- They **were watching** TV when a stranger suddenly rushed in.
（当一个陌生人突然冲进来的时候，他们正在看电视。）

一般来说，我们会在一个句子中明确地表示出**过去的时间点**，比如以上句子中的 when a stranger suddenly rushed in。如果我们同样用"矩形"来表示此时态，并将上述句子绘制到时间轴中可得到：

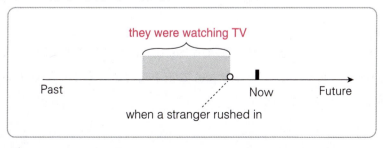

如上图所示，空心圆点表示 when a stranger suddenly rushed in 这个过去时间点，其正处于矩形 they were watching TV 的右边边界上，表示突然出现的状况打断了他们在此之前持续进行的动作。

更多过去进行时的例句如下所示，其中 playing 和 talking 是现在分词，过去的时间点则分别由 when the doorbell rang 和 hours ago 明确表示。

- Emily was playing the piano when the doorbell rang.
  （当门铃响时，艾米丽正在弹钢琴。）

- He was talking about his brother hours ago.
  （几小时前，他正在谈论他哥哥。）

6. 将来进行时（动词形式：will be doing）

将来进行表示**在某个将来时间点正在进行的动作**，这类动作一般是**事先计划好且一定会发生的**。例如：

- We will be flying at 30 000 feet in five minutes.
  （5分钟后，我们将会在三万英尺的高空中翱翔。）

与过去进行时相似，我们一般也会在一个句子中明确表示出这个**将来的时间点**，比如以上句子中的 in five minutes。我们用"矩形"来表示此时态，将上述句子绘制到时间轴中，可以得到：

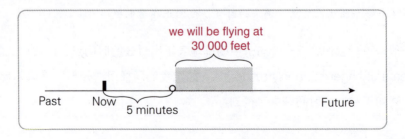

如上图所示，我们用空心圆点表示 in five minutes 这个将来的时间点，其正好位于矩形 we will be flying at 30 000 feet 的左边边界上，表示：从这个时刻开始，我们就翱翔在三万英尺的高空中了。

更多将来进行时的例句如下所示，其中 lying 和 doing 是现在分词，将来的时间点则分别由 By this time tomorrow 和 during the weekend 明确表示。

- By this time tomorrow, I will be lying on the beach.
（到明天的这个时候，我就会躺在沙滩上了。）

- Tom will be doing his homework during the weekend.
（周末汤姆一定是在做家庭作业。）

完成式

完成式表示"站在某一时间点，对这个时间点之前发生的动作进行总结"。这类状态与现在、过去、将来三个时间点分别结合而成三类时态，即：**现在完成时**（present perfect）、**过去完成时**（past perfect）、**将来完成时**（future perfect）。

7 现在完成时（动词形式：have/has done）

现在完成时表示处于现在这个时间点，对这个时间点之前发生的一个或一系列动作的总结。例如：

- I have watched the movie three times.
（这部电影我看过三遍。）

句中的 watched 为动词 watch 的过去分词形式。因为完成式是对之前发生事情的总结，所以我们用"向左的方括号"来表示完成式。将上述句子绘制到时间轴中可得：

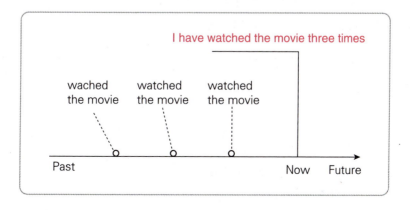

如上图所示，由于 watched the movie 这个动作在过去发生了三次，如果我们处于**现在**这个时间点来总结这三次动作，就会得到：I have watched the movie three times。

另外，我们一般**用现在完成时表示一个过去动作所产生的"结果"，而忽略这个动作发生的时间**。例如：

- Nina has had a wonderful meal.
  （尼娜已经美餐一顿了。）

- I have finished my homework already.
  （我已经完成了家庭作业。）

以上两个例句表示的就是动作的结果，即"尼娜已经美餐一顿了"和"我已经完成了家庭作业"。至于"尼娜用餐"的时间或"我完成家庭作业"的时间，这些信息并不重要，所以就被忽略了。

更多现在完成时的例句如下所示，其中的 been 和 known 为过去分词：

- My parents have never been to London.
  （我的父母从未去过伦敦。）

- He has known me for over ten years.
  （他认识我超过十年了。）

时态专题2：一般过去时（did）与现在完成时（have/has done）

一般过去时表示"**某个过去发生的动作，且现在这个动作已经结束了**"。例如：

- Shelly lived in Japan. （雪莉曾住在日本。）
- I was a doctor. （我曾是一名医生。）

上面两个例句中的动词时态均为一般过去时，表示这些动作是在过去发生的，即：现在雪莉已经不住在日本了，而我也不再是一名医生了。

而现在完成时用于表示"**对过去发生的动作进行总结，而且这个过去发生的动作（或是这个动作的影响）一直延续到了现在**"。例如：

- Shelly has lived in Japan for 2 years.
  （雪莉住在日本两年了。）

- I have been a doctor since 2010.
  （我从 2010 年起就是一名医生了。）

上面两个例句中的动词时态为现在完成时，表示这些动作从某个过去时间点一直延续到了现在，即：雪莉现在还住在日本，而我也还是一名医生。

请大家快速判断以下句子中应该使用 lost 还是 have lost：

- I lost/have lost my wallet a week ago.（一个星期前，我遗失了钱包。）

根据句中的 a week ago 可知这句话描述的是一个过去的动作，所以应该选择一般过去时（lost），即：I lost my wallet a week ago.

假如直到**现在**这个时间点我还是没有找到钱包，也就是说"遗失钱包"这个动作到现在仍有影响，此时就可以用完成时来总结，如下所示：

- I have lost my wallet.　　　　　　（√）
  （我已经遗失了钱包。）

但如果我昨天已经在沙发下找到了这个钱包，"遗失钱包"这个动作对现在就已经没有影响了，此时我们就不能用完成式来总结这个动作：

- I have lost my wallet.　　　　　　（×）

另外，如果我们重视的是**动作的结果**，则应该使用**现在完成时**；如果我们重视的是**动作发生的时间**，则应该使用**一般过去时**。例如：

- My younger sister has finished her homework.
  （我妹妹已经完成了家庭作业。）
- My younger sister finished her homework an hour ago.
  （我妹妹一小时前完成了家庭作业。）

8 过去完成时（动词形式：had done）

过去完成时表示**站在某个过去的时间点，对这个时间点之前发生的一个或一系列动作的总结**。

- When they reached there, the ship had set off.
  （当他们到达那里时，船已经开走了。）

如果一个句子中有两个发生在过去的动作,我们会将发生在比较靠前的动作时态改为过去完成时,以此来表明两个动作的先后顺序,如上述句子中的 set off 这个动作发生在 they reached there 之前。所以,我们也称过去完成时为"**过去的过去**"。

我们同样用"向左的方括号"表示该时态,将上述句子绘制到时间轴中可得:

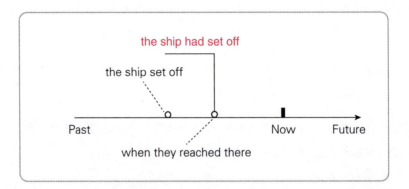

如上图所示,该句相当于站在 when they reached there 这个过去的时间点,对这个时间点之前发生的动作 the ship set off 进行总结,可得到:the ship had set off。

更多过去完成时的例句如下所示,其中 begun 和 lived 为过去分词:

- The movie had begun when we got to the cinema.
  (当我们到达电影院时,电影已经开始了。)

- Mr Harrison had lived in the Mediterranean for many years before he returned to England.
  (在哈里森先生返回英国之前,他已经在地中海生活了很多年。)

时态专题3:一般过去时(did)与过去完成时(had done)

在一句话中,有时会存在两个发生在过去的动作,比如以下句子中的 I arrived home 和 Tom left:

- When I arrived home, Tom left.
  (当我到家的时候,汤姆离开了。)

我们将以上句子绘制在时间轴上可以得到：

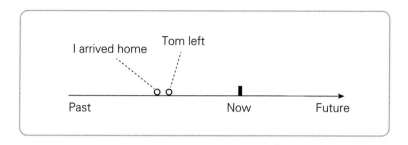

从图中可以看出，两个动作发生的顺序是：I arrived home 发生在 Tom left 之前。

此时，如果我们想将上面两个动作的顺序调换，即 Tom left 发生在 I arrived home 之前，应该如何改写呢？此时就需要使用过去完成时了。

因为一般过去时表示"**过去发生的动作**"，而过去完成时表示"**过去发生动作之前所发生的动作**"，即"**过去的过去**"，所以我们可以将以上句子改写为：

- When I arrived home, Tom had left.
  （当我到家的时候，汤姆已经离开了。）

我们再将以上句子绘制在时间轴上，可以得到：

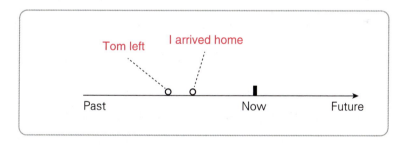

可以发现，动作发生的顺序变成了 Tom left 在前，而 I arrived home 在后。

> **小结**：如果要明确表示两个过去动作发生的先后顺序，我们会用**过去完成时**表述先发生的动作（即"过去的过去"），而用**一般过去时**表述后发生的动作（即"过去"）。

9. 将来完成时（动词形式：will have done）

将来完成时表示**站在某个将来的时间点对这个时间点之前的一个或一系列动作的总结**。例如：

- By July, Michael **will have got** two college degrees.
  （到 7 月份，迈克尔就已经拿到两个大学学位了。）

当使用将来完成时的时候，我们一般会将这个将来的时间点明确表示出来，如上述句子中的 By July。如果将句子绘制到时间轴中，则可以得到：

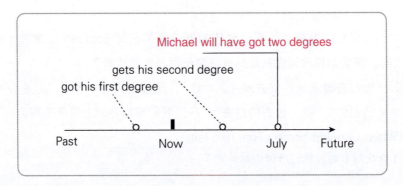

我们站在**现在**这个时间点上看，迈克尔有可能已经拿到了两个学位、一个学位，或者他还没有拿到学位，这些都不重要。重要的是将来完成时所总结的结果："到 7 月份，迈克尔就已经拿到两个大学学位了。"

更多将来完成时的例句如下所示，其中 taught 和 learned 为过去分词，两个将来的时间点则分别由 By the end of this year 和 before she moves to China 点明：

- By the end of this year, I **will have taught** English for 15 years.
  （到今年年底，我教英语就满 15 年了。）
- She **will have learned** Chinese before she moves to China.
  （在她搬到中国前，她将已经学会中文了。）

完成进行式

完成进行式是完成式与进行式的结合，表示"对一个正在进行的动作的总结"，一般与 for 和 since 连用。这类状态与现在、过去、将来三个时间点分别结合而成三类状态，即：**现在完成进行时**（present perfect continuous）、**过去完成进行时**（past perfect continuous）、**将来完成进行时**（future perfect continuous）。

10 现在完成进行时（动词形式：have/has been doing）

现在完成进行时表示**对一个现在正在进行的动作的总结**。例如：

- Tom has been playing football for two hours.
  （汤姆已经踢了两个小时的足球。）

如以上例句所示，我们用现在完成进行时来总结一个正在进行的动作（playing football），得到的结论：这个动作已经持续了两个小时（for two hours）。

如果用"矩形"来表示进行时，而用"向左的方括号"来表示完成时，将上述句子绘制到时间轴中可得到：

如上图所示，我们站在**现在**这个时间点，对当前正在进行的动作（playing football）进行总结，得到的结论是：Tom has been playing football for two hours.

更多现在完成进行时的例句如下所示：

- Simon has been working on the project for several years.
  （西门已经做这个项目好几年了。）
- I have been waiting for this day since I was a boy.
  （从我还是一个小男孩起，我就一直在等待这一天。）

11. 过去完成进行时（动词形式：had been doing）

过去完成进行时表示<u>站在某个过去的时间点对这个时间点正在进行动作的总结</u>。

- I had been cleaning my room the whole morning when she came.
  （当她来的时候，我已经打扫房间一上午了。）

以上句子中的 when she came 指出了过去的时间点。我们将上述句子绘制到时间轴中可以得到：

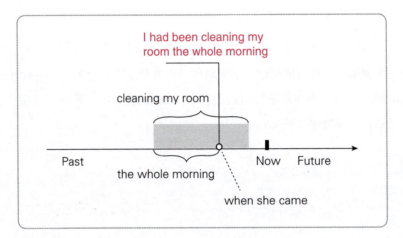

如上图所示，我们处于 when she came 这个过去的时间点上，并对这个时间点正在进行的动作（cleaning my room）进行总结，得到的结论是：I had been cleaning my room the whole morning.

更多过去完成进行时的例句如下所示，其中 by the time we arrived at the tennis hall 和 when allowed to enter the room 分别点明了两句话中过去的时间点：

- The players had been playing for 20 minutes by the time we arrived at the tennis hall.
  （当我们到达网球馆时，球员们已经打了20分钟的球。）

- We had been waiting for two hours outside when allowed to enter the room.
  （当我们获准进入那个房间的时候，已经在外面等了两个小时。）

12. 将来完成进行时（动词形式：will have been doing）

将来完成进行时表示**站在某个将来的时间点对这个时间点正在进行动作的总结**。例如：

- I **will have been doing** the drawing for 5 hours by 11:00 pm.
  （到晚上 11 点，我就连续画图 5 个小时了。）

以上句子中的 by 11:00 pm 指出了将来的时间点。我们将句子绘制到时间轴中可以得到：

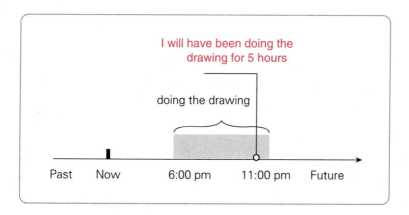

如上图所示，我们站在一个**将来**的时间点（11:00 pm），对这个时间点正在进行的动作（doing the drawing）进行总结，得到的结论是：I will have been doing the drawing for 5 hours.

更多将来完成进行时的例句如下所示，其中 By this summer 和 By September 分别点明了两句话中将来的时间点：

- By this summer, he **will have been training** horses for 10 years.
  （到这个夏天，他训练马匹就有 10 年了。）
- By September, the play **will have been running** for three months.
  （到 9 月份，这出戏就连续上演 3 个月了。）

练习七

请写出九个句子,时态分别为一般现在时、一般过去时、一般将来时、现在进行时、过去进行时、将来进行时、现在完成时、过去完成时、现在完成进行时。

一般现在时:
_____

一般过去时:
_____

一般将来时:
_____

现在进行时:
_____

过去进行时:
_____

将来进行时:
_____

现在完成时:
_____

过去完成时:
_____

现在完成进行时:
_____

第 8 章
动词（语气）

本章介绍动词用法中的"语气（mood）"。**语气是说话人对某一事物或行为的看法和态度**，英语句子的语气主要体现在动词的变化上。在这一章中，我们将学习英语中的三类语气：**陈述语气、祈使语气、虚拟语气**。

一 陈述语气

陈述语气（indicative mood） **用于陈述一个事实或表达一种看法。**

所谓**事实**，就是客观存在的、不以某个人的意志为转移的事物或状态。比如以下两个例句表述的就是事实：

- I'm not a physics teacher.
  （我不是一名物理老师。）

- Professor Brown bought a toy plane for his grandson.
  （布朗教授给孙子买了一架玩具飞机。）

所谓**看法**，就是个人的主观想法，它是因人而异的。例如：

- He doesn't look like an 80-year-old man.
  （他看起来不像一位 80 岁的老人。）

- The guests laughed too loudly.
  （那些客人笑得太大声了。）

二 祈使语气

祈使语气（imperative mood）**用于向别人发出命令和请求。**

当一个句子使用祈使语气时，其主语 you 一般会被省略，且动词须用原形。祈使语气多在口语中使用。例如：

- Sit down. = You should sit down.（坐下。）
- Be calm, John!（约翰，镇定点！）

公共场所、旅馆、餐馆等地张贴的提示语一般也使用祈使语气。例如：

- Be quiet.（保持安静。）
- Do not disturb.（请勿打扰。）
- Watch your step!（注意脚下！）

书面语中有时也会用到祈使语气。例如：

- Check out Figure 8 to see the exchange rate of RMB.
（参见图 8 来了解人民币的汇率。）

三 虚拟语气

我们用**虚拟语气**（subjunctive mood）来明确地告诉别人："我说的话只是我自己的假想（一厢情愿），现实情况不是这样的。"

虚拟语气的应用场景

虚拟语气之所以难学，是因为中文中并没有虚拟语气的用法。所以，请大家认真体会下面的例句，尝试分辨中文和英语在表示虚拟时的不同。

简单说来，分辨虚拟语气就是要弄懂一句话表达的到底是**假想**还是**现实**。所谓**假想**，就是与实际情况相反或是不太可能实现，而**现实**就是与实际情况无冲突。举两个例子：

"如果我高中时好好学习，一定能考上一所更好的大学。" ①
"如果我是你，才不会和他一般见识呢。" ②

就句①而言，一定是高中没有认真学习才会说这样的话，因此"我高中时好好学习"与现实情况是相反的，所以句①表示的是**假想**。

就句②而言，"我"肯定不可能是"你"，表示的也是**假想**。

若将句①和句②译为英语，则须使用虚拟语气。

再举另外两个例子：

"如果我再不减肥，身体的毛病就会越来越多了。" ③
"如果他们昨天遇到了，一定会聊得很开心。" ④

句③和句④只是提出了可能出现的情况，因为之后我可能会减肥，也可能不减肥；他们昨天可能遇到了，也可能没有遇到。

上述两句话仅描述了一类可能性，与实际情况并没有冲突，所以表达的是**现实**。

若将句③和句④译为英语，则须使用陈述语气。

wish 句型的虚拟语气

wish 有一个词义是"希望"，所引导的句子一般都是与现实情况相反或是不太可能会发生的事情，此时就需要使用虚拟语气。

英语中表示虚拟语气的方法是：将句子中的谓语动词**"往过去方向倒退一个时态"**，即：一般现在时（do）变为一般过去时（did）；一般过去时（did）则变为"过去的过去"，即过去完成时（had done）。如下所示：

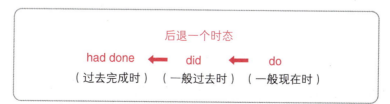

因为时间在维度上分为现在、过去和将来,所以虚拟语气也分为**对现在发生动作、过去发生动作、将来发生动作的虚拟**。接下来我们将分别介绍 wish 句型的这三类虚拟语气。

对现在发生动作的虚拟语气

举一个例子:托尼在公园里遇到了一个非常可爱的小朋友,于是他对这个小朋友说:"我真希望你是我的弟弟。"那么如何用英语来表达这句话呢?

有些人可能会这样表述:

- I wish that you are my brother. (×)

可实际上,以下句子才是正确的:

- I wish that you were my brother. (√)

在英语中,说话人是通过虚拟语气来明确地告诉别人:"这件事只是我的假想,并不是真的。"

此类虚拟语气的表达方式是:**将谓语动词由一般现在时改为一般过去时**,如以上句子中的 were。

> **注意** 无论主语是单数形式还是复数形式,我们在虚拟语气中只能将谓语 be 动词改写为 were,而不能改写为 was。

同理,当我有一件紧急的事情要告诉妈妈,但是却一时想不起她的电话号码了,我会这样说:

- I wish that I remembered Mom's phone number.
(我真希望我记得妈妈的电话号码。)
[实际情况:我不记得妈妈的电话号码。]

上面两个例子都表示说话者对当时情况的一种假想,所以我们称其为"对现在发生动作的虚拟语气"。

对过去发生动作的虚拟语气

那么问题来了，我们将谓语动词改为一般过去时来表示对"现在发生动作"的虚拟语气，那我们如何表达对"过去发生动作"的虚拟语气呢？

例如，我听说弟弟昨天打破了一扇窗户，我会说"我真希望他没有打破窗户"，那么以下句子是正确的吗？

- I wish that he did not break the window. （×）

不正确。因为打破窗户已经是无法改变的事实了，如果要表达"没有打破窗户"，则须使用虚拟语气。

所以，我们应将一般过去时往后推一个时态，即使用**过去完成时**（"过去的过去"）来表示对过去发生动作的虚拟语气。即：

- I wish he had not broken the window. （√）
（我真希望他没有打破窗户。）
［实际情况：他昨天把窗户打破了。］

因此，我们**将谓语动词由一般过去时改为过去完成时**，表示对过去发生动作的虚拟语气。

对将来发生动作的虚拟语气

对于与将来的事实相反或将来不太可能发生的动作，我们会在谓语动词前加上情态动词 would/might/should/could 来表示对"将来发生动作"的虚拟语气。

举一个例子，我本来计划明天与家人一起去野餐，但天气预报说明天会下雨，所以我很遗憾地说："我真希望明天不会下雨。"因为"下雨"这件事是确定会在明天发生的，所以此时就需要使用对将来发生动作的虚拟语气。如下所示：

- I wish that it would not rain tomorrow.
（我真希望明天不会下雨。）
［实际情况：明天肯定会下雨。］

再举一个例子，"我几天之后就能登上火星"这件事显然是不可能发生的，所以只能用虚拟语气来表述这句话。如下所示：

一看就懂**英语语法书**

- I wish that I could land on the Mars in a few days.
  （我希望几天后就能登上火星。）
  [实际情况：我不可能在几天后登上火星。]

📝 其他能够表示虚拟语气的结构

除了 wish 外，英语中还有另外几个结构可以用于表示虚拟语气，如"as if""if only""would rather""if…then…"等。

当使用这些结构表达虚拟语气时，遵循的原则与前文介绍的"I wish"结构是相同的，均是将谓语动词**"往过去方向倒退一个时态"**。例如：

- I feel as if I had been born again. （表示对过去发生动作的虚拟）
  （我感觉好像重生了。）
  [实际情况：我不可能回到过去重生一次。]
  - as if 的语义为"好像、似乎"。以上句子中谈到的是 born（出生），是过去的事情，而"回到过去重生一次"显然是不可能发生的，所以我们应使用**对过去发生动作的虚拟语气**。因此，我们将一般过去时倒退了一个时态，即使用过去完成时（had been born）来表示这个动作。

- I would rather you left right now.
  （我宁愿你已经离开了。）
  [实际情况：你现在并没有离开。]
  - would rather 的语义为"宁愿"。以上句子表示我对现在的情况并不满意，因为我觉得"你现在不应该还在这里"，所以这句话表示对现在发生动作的虚拟，使用的是一般过去时（left）。

- If only she could marry me!
  （她要是能嫁给我就好了！）
  [实际情况：她不会嫁给我。]
  - if only 的语义为"要是……就好了"。以上句子表示的是我一厢情愿的想法，实际上她以后也不可能嫁给我，所以这句话表示对将来发生动作的虚拟，具体做法是在动词前添加情态动词构成 could marry。

- If I knew, then I would tell you.
  （如果我知道，就会告诉你。）
  [实际情况：我并不知道，而且我也无法告诉你。]

✎ if...then...的语义为"如果……就……"。以上句子表示对现在发生动作的虚拟，所以 if 引导的句子中使用动词的一般过去时（knew），而 then 引导的句子中使用了 would tell。

✏ if...(then)...结构的虚拟语气

无论是在陈述语气还是在虚拟语气中，if...then...结构都很常见。我们称 if 引导的句子为从句，而 then 引导的句子为主句（使用这个结构时，我们会习惯性地将引导词 then 省略）。例如：

- If I have time, [then] I will help you. （如果我有时间，我会帮你。）
  从句　　　　　　　主句

  ✎ 此句表示一种可能性，即：只要"我有时间"这个条件成立，我就会帮你。此句的语义与现实情况并无冲突，使用的是陈述语气。

但如果现实情况是"我每天工作到晚上十二点，根本没有时间帮助别人"，那我就会说：

- If I had time, I would help you. （如果我有时间的话，我就会帮你。）

  ✎ 此句使用了虚拟语气，表达的意思是"我确实没有时间帮你"。

接下来，我们将学习 if...(then)...结构分别表示**对现在发生动作、过去发生动作、将来发生动作的虚拟语气**。

■ 对现在发生动作的虚拟语气

当表示对"现在发生动作"的虚拟语气时，if...(then)...结构的基本句型如下所示（通过省略 then）：

从句	主句
if 主语 + 动词的一般过去时	主语 + (would/should/might/could) + 动词原形

正如前文（"wish 句型的虚拟语气"）所述，我们**用一般过去时表示对现在发生动作的虚拟语气**，因此 if...(then)...结构中主句和从句的谓语动词都应该为一般过去时。

但由于主句谓语动词前需加情态动词 would, should, might 或 could 表示虚拟,而情态动词后的动词又要用原形,所以主句中动词变为了原形。例如:

- If I had a pen, I would lend it to you.
  (如果我有一支钢笔,我就会借给你。)
  [实际情况:我没有钢笔借给你。]

- If I were the leader, I could provide more opportunities for members to discuss important issues.
  (如果我是领导,我会给会员们提供更多讨论重大问题的机会。)
  [实际情况:我并不是领导,也不会给会员们提供更多讨论重大问题的机会。]

■ 对过去发生动作的虚拟语气

当表示对过去发生动作的虚拟语气时,if...(then)...结构的基本句型如下所示:

从句	主句
if 主语 + 动词的过去完成时	主语 + (would/should/might/could) + 动词现在完成时

同样,我们用**过去完成时表示对过去发生动作的虚拟语气**。

理论上,if...(then)...结构中主句和从句的谓语动词都应该为过去完成时,但因为主句谓语动词前需加情态动词 would, should, might 或 could 表示虚拟语气,所以情态动词后的过去完成时 had done 变为了现在完成时 (have done)。例如:

- If I had heard of the news yesterday, I would have told you.
  (如果我昨天听到这则新闻,我会告诉你的。)
  [实际情况:我昨天不知道这则新闻,也没有告诉你。]

- If Tony had worked harder, he might have passed the exam.
  (如果托尼之前努力学习,他或许已经通过考试了。)
  [实际情况:托尼之前没有努力学习,也没有通过考试。]

■ 对将来发生动作的虚拟语气

当表示对将来发生动作的虚拟语气时,if...(then)...结构的基本句型如下所示:

从句	主句
if 主语 + should + 动词原形 if 主语 + were to + 动词原形	主语 +（would/should/might/could）+ 动词原形

我们在从句谓语动词前加 were to 或者 should，主句谓语动词前加情态动词 would, should, might 或 could，就构成了对将来发生事情的虚拟语气。例如：

- If she should come, I would ask her for help.
  （如果她来，我会让她帮忙。）
  ［实际情况：她不太可能会来。］

- If he were to play every game, he could be the best player in the world.
  （如果他参加以后的每场比赛，他将成为世界上最好的球员。）
  ［实际情况：他不太可能参加以后的每场比赛。］

主句和从句表示不同时态时的虚拟语气

前文介绍的是 if…(then)…结构主句和从句表达对同一时间（同为现在、过去或将来）的虚拟，但实际上主句和从句也可以分别表达对不同时间的虚拟。例如：

- If they had set off yesterday, they would be here now.
  　　　　对过去的虚拟　　　　　对现在的虚拟
  （如果他们昨天就出发，他们现在应该到这里了。）
  ［实际情况：他们昨天没出发，现在也没到。］
  🖉 因为他们昨天没有出发，所以我们在从句中使用过去完成时（had set off）表示对过去发生动作的虚拟。而他们昨天的行为造成了"他们现在还没有到达"的结果，所以我们在主句中使用 would be here 表示对现在发生动作的虚拟。

- If we shouldn't have a date this afternoon, I would go shopping now.
  　　　　对将来的虚拟　　　　　　　　对现在的虚拟
  （如果我们下午没有约会，我现在就去逛街了。）
  ［实际情况：我们下午有约会，现在我也没去逛街。］
  🖉 因为我们下午确实有约会，所以从句中使用 shouldn't have 表示对将来发生动作的虚拟。而这个将来的计划造成了"我现在没去逛街"的结果，所以主句中使用 would go shopping 表示对现在发生动作的虚拟。

在日常生活中，我们也会单独使用 if…(then)…结构中的主句表达对过去发生动作的虚拟语气。

比如，妈妈发现爸爸给托尼买了一辆价值 200 美元的玩具车，因为她觉得没必要在一件玩具上花那么多钱，所以她非常生气地对爸爸说：

- You shouldn't have bought such an expensive toy for him.
  （你本不该给他买那么贵的玩具。）
  ［实际情况：玩具已经买了。］

再如，公司里有一位同事因为工作时比较懒散被开除了，我对这件事表示遗憾，所以我会说：

- He could have worked harder, but he didn't.
  （他本可以更加努力工作的，但他没有。）
  ［实际情况：他之前工作不够努力。］

总而言之，当使用虚拟语气时，我们千万不要硬套公式，而需要仔细地体会应用场景的不同，并根据当时所处的场景灵活地使用它。

练习八

请根据每题的实际情况，将括号中的动词转换为合适的形态，并填入句子的横线中。

1. It looks as if it _____ the end of the world.（be）
   （今天看起来像是世界末日。）
   ［实际情况：今天不可能是世界末日。］

2. I would rather Tom _____ that.（not say）
   （我宁愿汤姆没说那件事。）
   ［实际情况：汤姆已经说了。］

3. My kid wishes that every day _____ her birthday.（be）
   （我的孩子希望每天都是她的生日。）
   ［实际情况：不可能每天都是她的生日。］

4. Tom wishes that it _____ tomorrow. (rain)

   (汤姆希望明天下雨。)

   [实际情况：明天不可能下雨。]

5. If it _____ tomorrow, I _____ at home. (rain, stay)

   (如果明天下雨，我会待在家里。)

   [实际情况：明天可能下雨，也可能不下雨。]

6. If it _____ tomorrow, I _____ at home. (rain, stay)

   (如果明天下雨，我会待在家里。)

   [实际情况：明天不可能下雨，我也不会待在家里。]

7. If it _____ yesterday, I _____ at home. (not rain, not stay)

   (如果昨天没下雨，我就不会待在家里了。)

   [实际情况：昨天下雨了，昨天我也待在家里了。]

8. If it _____ now, I _____ out to play football. (not rain, go)

   (如果现在不下雨，我就出去踢足球了。)

   [实际情况：现在在下雨，我也不能出去踢足球。]

9. If it _____ yesterday, he _____ out. (not rain, go)

   (如果昨天没有下雨，他就会出门。)

   [实际情况：不知道昨天是否下过雨。]

10. If it _____ yesterday, I _____ late right now. (not rain, not be)

    (如果昨天没下雨，现在我就不会迟到。)

    [实际情况：昨天下雨了，我现在也迟到了。]

第 9 章
动词（主谓一致）

本章介绍动词用法中的"**主谓一致**"（subject-verb agreement）。

主谓一致指一句话中的**谓语动词单复数形态必须与主语保持一致**。也就是说：当主语为单数形态（表示单个人或者事物）时，谓语动词也必须为单数形态；而当主语为复数形态（表示多个人或者事物）时，谓语动词也必须为复数形态。例如：

- A boy likes swimming.（一个男孩喜欢游泳。）
- Boys like swimming.（男孩们喜欢游泳。）

可以看到，A boy 表示一个男孩，所以谓语动词用单数形式 likes；而 Boys 表示多个男孩，所以谓语动词用复数形式 like。

如果谓语动词前有助动词（如 do，have，be 动词等），则我们只需要**确保助动词的单复数形态与主语一致，谓语动词的形态则保持不变**。例如：

- Christine doesn't believe in him.（克里斯丁不信任他。）
- They have ordered some wine.（他们已经订购了一些酒。）

  在上面的示例中，Christine 表示一个人，助动词用单数形式 does；而 They 的语义是"他们"，表示多个人，助动词用复数形式 have。

在前面的章节中，我们学习了可以用作主语的五类名词性结构：名词、代词、名词性从句、动词不定式、动名词。本章将分别介绍这五类结构用作主语时的主谓一致原则。

主语为名词时的主谓一致

我们知道，名词分为可数名词和不可数名词。这两类名词用作主语时的主谓一致规则为：

1. 当主语为可数名词时

若主语为单数，则谓语动词为单数；若主语为复数，则谓语动词为复数。例如：

- Details of the plan have not been announced. ①

（该计划的细节还没有被宣布。）

在句①中，助动词 have 前面的名词是单数名词 the plan，为什么句中谓语动词不用单数形式 has，而要用复数形式 have 呢？原因很简单，句①中的 of the plan 是介词短语，它在句中用作定语修饰名词 Details。所以，该句真正的主语是 Details，句子主干如下所示：

- Details have not been announced.

再如：

- There are many big dogs. ②

（那里有很多大狗。）

句②的谓语动词为什么是复数形式呢？原因是 there be... 句型为倒装句，其正常语序应为：

- Many big dogs are there.

因为句②真正的主语是 Many big dogs，所以谓语动词用复数形式 are。

2. 当主语为不可数名词时

由于不可数名词没有复数形式，所以谓语动词只能为单数。例如：

- Snow is common in cold countries.

（雪在寒冷的国家很常见。）

- Money means everything to her.

（钱对于她意味着一切。）

这里再介绍一下**集体名词**（group nouns）用作主语时的主谓一致规则。**集体名词是用于表示一类人或一类事物集合的名词**，其中较为常见的有 family、team、company、crowd、class、couple 等。

当**这个集体被作为一个整体来看待**时，谓语动词应使用**单数**形式。例如：

- My family is going to travel abroad.

    （我们一家要出国旅行。）

当**这个集体中的成员被作为个体来看待**时，谓语动词应使用**复数**形式。例如：

- My family are taking different planes to Paris.

    （我的家人将乘坐不同的飞机去巴黎。）

主语为动名词、动词不定式和名词性从句时的主谓一致

由于动名词、动词不定式和名词性从句这三类名词性结构均没有复数形式，所以当这三类结构用作主语时，谓语动词只能为单数形式。如下所示：

- Giving makes me happy. （动名词）

    （付出使我快乐。）

- To make you laugh was difficult. （动词不定式）

    （让你笑很困难。）

- Whether the plan is feasible remains unknown. （名词性从句）

    （这个计划是否可行仍然未知。）

主语为代词时的主谓一致

在"第 4 章 名词和名词性结构"中，我们将常用的代词分为了一般代词和不定代词两大类。

一般代词的主谓一致

由于一般代词的作用是在句子中替代名词，所以它们同样具有单复数形式，如 he、she、it、this、that 等代词表示单数，而 we、they、these、those 等表示复数。

当一般代词用作主语时，主语单数则谓语动词为单数，主语复数则谓语动词为复数。例如：

- He has come back.（他已经回来了。）
- They have tracked down the spy.（他们已经追踪到了那名间谍。）

> **注意** 虽然代词 I 和 you 表示"我"和"你"这种单个的对象，但是它们后面的谓语动词只能用复数形式。例如：
> - I have got an apple.（我有一个苹果。）
> - You are lying!（你在撒谎！）

不定代词的主谓一致

与一般代词相比，不定代词的情况略微复杂一点，接下来将对不定代词用作主语时的主谓一致规则进行分类讨论。

01 one，either，neither，each 等不定代词表示单个的人或事物，当它们用作主语时谓语动词只能为单数。例如：

- No one has impunity.
  （没有人能逍遥法外。）
- Neither of these is an acceptable solution.
  （两者都不是可以接受的解决方案。）

02 以"every-，no-，some-，any-"等为前缀的复合不定代词（如 everything，someone，anybody 等）也表示单个的人或事物，谓语动词只能为单数。例如：

- Everything has its limit.（万物都有局限。）
- Someone wants to see you.（有个人想见你。）

03 many，both，few，others 等不定代词表示多个人或事物，其后谓语动词必须用复数形式。例如：

- Many die during famines every year.
  （每年都有很多人死于饥荒。）

一看就懂的英语语法书

- Both of you have advantages and disadvantages.
  （你们两人都有优缺点。）

04 有六个不定代词（some, any, none, all, more/most）既能表示单数又能表示复数，我们一般将它们简单记忆为"SANAM"。这六个不定代词之后的谓语动词则既有可能是单数形式，也有可能是复数形式。用其中的 all 来举例：

- All of my friends like the movie.
  （我所有的朋友都喜欢这部电影。）
- All of the money was wasted on the project.
  （所有的钱都浪费在了这个项目上。）

在这类情况下，介词 of 后面的名词或代词（比如以上例句中的 friends 和 money）决定谓语动词的单复数形式，即：friends 对应 like，money 对应 was。

有人可能会问：of my friends 和 of the money 是介词短语作定语，为什么它们能决定谓语动词的单复数形式呢？

实际上，在"X of Y"结构中，如果 X 表示数量（如 a lot, a number, "SANAM"）、分数、倍数等时，我们并不会将其中的"of Y"看作介词短语，而会把"X of"看作一个修饰 Y 的形容词。例如：

- A lot of information is presented on the screen.
  （大量的信息被展示在了屏幕上。）

我们将以上句子中的 a lot of 看作类似 much 的形容词，即：

- Much information is presented.

由于主语 information 是不可数名词，所以谓语动词使用单数形式 is。

再如：

- Half of tomatoes are bad!（一半的西红柿坏了！）
- Half of the sandwich is mine.（那半个三明治是我的。）

主语为并列结构时的主谓一致

有时我们会遇到主语是多个事物并列的情形,此时的主谓一致需遵循以下几个简要原则:

01 当主语是 and 连接的两个(或以上)事物时,谓语动词使用复数形式。例如:

- Tony and I are good friends. (托尼和我是好朋友。)

02 当主语是 or 或者 nor 连接的两个(或以上)单数事物时,谓语动词使用单数形式。例如:

- A dog or a cat is actually part of the family.
  (狗或者猫实际上是家庭的一部分。)

- Neither food nor water has been provided.
  (食物和水都没有供给。)

03 当主语是在单数事物或复数事物之间选择时,谓语动词与更靠近它的那个事物的单复数形式一致。例如:

- One or two persons were sent there to help.
  (一个或两个人被派去那儿帮忙。)

- Two or one person was sent there to help.
  (两个或一个人被派去那儿帮忙。)

练习九

请根据主谓一致原则,从括号中选择合适形态的单词填入横线中。

1. To be loved _____ (is/are) the greatest happiness in the world.
   (被爱是世间最大的幸福。)

2. A smile and a handshake _____ (means/mean) welcome.
   (微笑和握手意味着欢迎。)

3. My family _____ (are/is) all keen on concerts.
   (我的家人都很热衷于音乐会。)

4. Either they or she _____ (is/are) going to Germany next month.
   (他们或者她下个月要去德国。)

5. None of the suggestions _____ (was/were) accepted.
   (没有任何建议被采纳。)

6. All of his money _____ (was/were) stolen last night.
   (昨晚，他所有的钱都被偷了。)

7. Only a third of us _____ (has/have) breakfast in the kitchen.
   (我们当中只有三分之一的人在厨房吃早餐。)

8. That he will come to the conference _____ (has/have) excited everyone.
   (他会来参加这个会议，这件事让每个人都很激动。)

9. Buying clothes _____ (is/are) a time-consuming job.
   (买衣服是一件费时间的事。)

10. One of our key employees _____ (was/were) poached by another company.
    (我们的一名骨干雇员被其他公司挖走了。)

第 10 章
动词（被动语态）

本章介绍动词的"**被动语态**"。被动语态（passive voice）是与主动语态（active voice）相对的一个概念。

大家是否还记得，S + V + O 句型表示"**主语对宾语施加了某个动作**"，这类句型表示的就是主动语态。例如：

- <u>The boy</u> broke <u>a glass</u>.（男孩打碎了一个玻璃杯。）　　①
  　动作执行者　　动作承受者

在以上句子中，主语 The boy 是 broke 这个动作的执行者，而宾语 a glass 则是这个动作的承受者。对于此类句型，我们可以将其改写为"**宾语被主语施加了某个动作**"的形式，即**被动语态**。将句①改写为被动语态，可得：

- A glass was broken by the boy.（一个玻璃杯被男孩打碎了。）　　②

在被动语态中，句①中动作 broke 的承受者 a glass 变成了句②的主语，变成了整句话的主角。

在本章中，我们将解决学习被动语态时最常被提出的两大疑问，即："如何将主动语态改写为被动语态？"和"在什么场合下应该使用被动语态？"

如何将主动语态改写为被动语态？

将一个句子由主动语态改为被动语态一般分为四个步骤，用下面的这个 S + V + O 句型的句子来举例：

- My mom cleaned the room. ①

  （我妈妈打扫了那个房间。）

第一步：将句①的动作承受者（即宾语 the room）作为新句子的主语，得到：

The room

第二步：将句①中的动词 cleaned 改为"be 动词＋clean 的过去分词"形式，并置于新句子的主语之后，得到：

The room be cleaned

第三步：将新句子中 be 动词的时态改为与句①相同。由于句①为一般过去时，所以得到：

The room was cleaned

第四步（可选）：将句①中的主语 My mom 改写为"by ＋my mom"形式，并置于新句子的句尾，得到最终的被动语态形式：

- The room was cleaned [by my mom].

  （那个房间被 [我妈妈] 打扫了。）

> **注意** "第三步"完成后已经构成了一个 S＋V＋P 句型的句子，句子成分是完整的，所以我们改写时可以不包括"第四步"。

上述改写方法"第三步"中的时态是最容易出错的地方。如果改写时不能确定时态的形式，请参照下表。

时态	主动语态	被动语态
一般现在时	do	is/am/are done
一般过去时	did	was/were done
一般将来时	will do	will be done
现在进行时	is/am/are doing	is/am/are being done
过去进行时	was/were doing	was/were being done
现在完成时	have/has done	have/has been done
过去完成时	had done	had been done

> **注意** 被动语态中 be 动词的时态与主动语态中的谓语时态应保持一致，而被动语态中过去分词的形态永远是 done，不会有任何改变。
>
> 例如：
>
> - The storm destroyed many trees last night.
>   （昨晚，暴风雨摧毁了很多树。）
>
> 由 destroyed 可知，以上句子动词的时态为一般过去时。将它改写为被动语态时要保持时态不变，可得到：
>
> - Many trees were destroyed by the storm last night.
>   （昨晚，很多树被暴风雨摧毁了。）
>
> 再如：
>
> - He is designing some new plans.
>   （他正在设计一些新方案。）
>
> 由 is designing 可知，以上句子动词的时态为现在进行时。将它改写为被动语态时要保持时态不变，可得到：
>
> - Some new plans are being designed by him.
>   （一些新方案正在被他设计。）

S + V + O + ? 句型的被动语态形式

若要将一个句子改写为被动语态，那么这个句子必须满足一个条件，即**句子中必须有宾语**（O）。

其实也很容易理解，如果句子中没有动作的承受者，那么被动语态中以什么作为主语呢？由于在五类简单句句型中与宾语（O）有关的句型共有三类，分别为 S + V + O，S + V + O + O 和 S + V + O + C，因此这三类句型均可以改写为被动语态形式。

使用前文改写 S + V + O 句型的方法，我们可以将 S + V + O + O 和 S + V + O + C 这两类句型改写为被动语态形式。

S + V + O + O 句型的被动语态

- She gave Tom a handsome gift.
  （她送给汤姆一个漂亮的礼物。）

此句型中有两个宾语（直接宾语 a handsome gift 和间接宾语 Tom），所以该句能被改写为两种形式。

第一种形式：将直接宾语 a handsome gift 改写为主语，得到：

- A handsome gift was given to Tom by her.
  （一个漂亮的礼物被她送给了汤姆。）

第二种形式：将间接宾语 Tom 改写为主语，得到：

- Tom was given a handsome gift by her.
  （汤姆从她那里收到了一个漂亮的礼物。）

S + V + O + C 句型的被动语态

- My father expected my sister to become a doctor. ①
  （父亲期望妹妹成为一名医生。）

将句①的宾语 my sister 改写为主语，可得到：

- My sister was expected to become a doctor by my father. ②
  （妹妹被父亲期望成为一名医生。）

这里要提出一个问题，句①中动词不定式 to become a doctor 是宾语的补语，那么它在句②中又是什么成分呢？

答案是：to become a doctor 在句②中用作主语的补语。虽然句①被改写成了被动语态，但动词不定式 to become a doctor 对 my sister 作补充说明的性质并没有改变。又因为 my sister 变为了句②的主语，所以该动词不定式也就变为了主语的补语。

因此，**将 S + V + O + C 句型改写为被动语态后，原句中作为宾语补语的结构就变成了主语补语。**

小练习 请分析以下句子中 rather interesting 用作什么成分？

- The book was found rather interesting. ①
  （这本书被发现相当有趣。）

该句是被动语态，我们不妨先将其恢复成主动语态，得到：

- （Someone）found the book rather interesting. ②

  （［某人］认为这本书相当有趣。）

可以看到，句②是 S + V + O + C 句型，且 rather interesting 在句中用作宾语 the book 的补语。因此，我们可以判断它在句①中的成分为主语补语。

"动词 + 介词短语"的被动语态

介宾是一类特殊的宾语，所以除了 S + V + O，S + V + O + O 和 S + V + O + C 三类句型外，我们还可以将包含"谓语 + 介词短语"结构的句子改写为被动语态，即将介宾改写为新句子的主语。例如：

- We should pay more attention to our traditional culture.
  （我们应该更多地关注我们的传统文化。）
- Our traditional culture should be paid more attention to.
  （我们的传统文化应该被更多地关注。）

在什么场合下应该使用被动语态？

无论是在新闻报刊、学术文章或日常英语交流中，被动语态出现的频率都非常高。那么，我们一般在什么场合中使用它呢？

我们使用被动语态一般出于三个目的——"**避免谈论动作的执行者**""**突出动作的承受者**"或者"**将较长的主语后置**"。

应用场景一：避免谈论动作的执行者

请大家想象两个场景：一是你发现你的手机被别人偷走了，二是你发现放在宿舍里的比萨饼被别人吃了，你会如何表述这两种情形呢？

在上述两个场景下，我们不知道动作的执行者到底是谁，此时就只能使用被动语态，如下所示：

- My phone was stolen.（我的手机被人偷了。）

- My pizza has been eaten.（我的比萨饼被人吃了。）

另外一种情形是动作的执行者根本没必要说明或是很难说明。例如：

- English is wildly used in my country.（英语在我国被广泛使用。）

在我国到底哪些人在使用英语，这个问题用几句话是很难说清的，可能还得做详细的调研才能统计出来。在这种情形下，我们不妨使用被动语态，从而避免谈论该动作的执行者。

应用场景二：突出动作的承受者

有时候我们并不关心主语是什么，而更关心宾语的状态。例如：

"那件文物已经被好好保存起来了。"
"快递已被打包。"

以上示例中的"那件文物"和"快递"才是我们的关注点，至于谁做的这件事情（主语是谁）并不重要。

在英语中也会出现同样的情形。例如：

- His book was published last year.（他的书是去年出版的。）
- The mall is closed at 10 pm.（那家商场晚上十点关门。）

我们更关心的是书和商场的相关情况，而并不在意"是哪家出版社出版的书"或者"是谁关的门"，此时通常会使用被动语态。

应用场景三：将较长的主语后置

还有一种情形，就是当句子的主语太长时可以选择被动语态，以改变句子"头重脚轻"的状态。例如：

- **The teacher who taught me English when I was 16 years old** impressed me most.（我16岁时教我英语的那位老师让我印象最深刻。）

可以发现，我们将这个句子改为被动语态后，句子结构就一下子就变得清晰易读了：

- I was impressed most by the teacher who taught me English when I was 16 years old. (让我印象最深刻的是我16岁时教我英语的那位老师。)

当 S＋V＋O，S＋V＋O＋O 和 S＋V＋O＋C 三类句型中的主语过长时，我们也可以尝试将其改写为被动语态，使其更容易被理解。

练习十

请将下列句子改写为被动语态：

1. By the end of last term, we had learned 10 courses.
   _____

2. I am running my own business.
   _____

3. My father named my pet Lily.
   _____

4. Tom would look after this infant.
   _____

5. The writer and poet has given me lots of help.
   _____

请将下列句子改写为主动语态：

6. All the trees have been planted around the lake.
   _____

7. I was being attacked by a bee.
   _____

8. He is often heard to sing the popular song.
   _____

9. John was given half an hour to decide whether he would go.
   _____

10. People have been determined to fight for their own rights.
    _____

第 11 章
介词短语

本书前 10 章回答了第 1 章中提出的"**英语语法学习的三个核心问题**",初步搭建了一个简单但完整的语法框架。

从本章开始将详细介绍介词短语、名词性从句、定语从句、状语从句、动名词、动词不定式、分词这七类复杂结构和并列句的详细用法,目的是在现有的语法框架内细化各种重要的知识点,以帮助大家将英语应用能力提升至一个更高的台阶。

本章主要讨论**介词短语**的用法。

一 介词

在正式介绍介词短语之前,我们先来了解一下"介词"的定义。什么是介词(prepositions)呢?

答案是:介词是用来**建立一个名词与其他词**(包括名词、动词、形容词等)**关系**的一类词。

例如,有两个名词与下图相关,即 dog 和 table。

由于这两个名词在意义上毫不相关,即使我们用 be 动词将两者连接起来,大家也无从理解它们之间的关系。如以下例子所示:

- The dog is a table.

此时,我们需要使用介词来建立两者之间的关系,如下所示:

- The dog is under a table.

(那只狗在一张桌子底下。)

添加介词 under 后,看似不相关的两个词之间建立了联系——dog 位于 table 下方。

这就是介词的作用。

介词的分类

介词在词典中被标记为 *prep.*,例如 into 这个词:

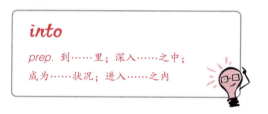

在日常生活中,使用频率最高的部分介词如下所示:

from to of at on in as under below above by with among over before after up down through

其中,有些介词可以表示时间(如 at, in, on, after, before 等),有些介词可以表示地点(如 at, in, on, from, to 等),有些介词可以表示方向(如 up, down, into, across, along 等),而有些介词可以表示方式(如 with, by 等)。

此处将重点讨论 at, on, in 这三个使用频率极高的介词分别表示时间、地点时的用法。

at，on，in 表示地点时的区别

表示地点时，at 是一个一维的概念，它表示"点"；on 是一个二维的概念，表示"在一个平面的表面"；而 in 是一个三维的概念，表示"在一个物体的内部"。

当我们提到一个地点时，往往偏向于表述它的"位置"属性。想象一下我们手机中的电子地图（如下图所示），每个地点的位置在地图上都被标记为一个"点"。

因此，当我们提到某个地点时一般使用介词 at。例如：

- I am going to see you off at the airport. （我会在机场为你送行。）
- He left his bag at home. （他把包落在家里了。）

而使用介词 on 时，我们关注的是一个平面和位于其表面之上的物体。例如：

- Tony saw a squirrel running on the street.
  （托尼看到一只松鼠在街上跑。）

因为街道可以被看作一个较大的平面，而人和动物是在这个平面的表面上行动，所以我们说 on the street。

再比如我们乘坐飞机、火车、公共汽车等大型交通工具时，也可以看作是位于一个较大的平台表面之上，因而可以说：

- I heard a girl singing on the plane/on the train/on the bus.
  （我在飞机/火车/公共汽车上听到一个女孩在唱歌。）

而使用介词 in 时，通常特指在某个事物或区域的内部。

- We will read books in the library.
  （我们将会在图书馆里看书。）

此外，当表示乘坐私家车、小船等小型交通工具时，我们会突出人所处的位置是在这类交通工具内部，此时也会使用介词 in。例如：

- Don't eat in the car/in the boat.（别在车/船上吃东西。）

at，on，in 表示时间时的区别

当表示时间时，这三个介词按照 "at→on→in" 的顺序，表示的时间长度逐渐增加。

其中，介词 at 通常用于表示一天中某个特定的时间，即"某个时间点"。例如：

- I was on the train to London at 8:00.（我在早晨 8 点开往伦敦的火车上。）
- She is swimming at the moment.（此刻她在游泳。）

介词 on 通常用于表示"某一天"。例如：

- What classes do we have on Tuesday?（我们周二有什么课？）
- I am giving you a special gift on Valentine's Day.
  （在情人节我会送给你一个特别的礼物。）

介词 in 一般用于表示一个更长的时间段，比如周、月、年、世纪等。例如：

- They settled down in Australia in 1988.（他们于 1988 年在澳大利亚定居。）
- Dolphins usually come in September.（海豚通常在 9 月份到来。）

二 介词短语

前文提到，介词的作用是建立名词与其他词之间的关系。所以，介词并不能单独使用，它后面必须接名词以组成表示时间、状态、目的、原因等的**介词短语**（prepositional phrases）。

所谓**介词短语**，就是"**介词＋名词**"结构。例如：

| in Beijing | without your help | off the road |
| 介词 名词 | 介词　　名词 | 介词　名词 |

介词短语的应用示例如下：

- I wouldn't make it without your help.

   （没有你的帮助，我就不会成功。）

   ✎ 句中介词短语 without your help 用作状语修饰动词 make，表示主句成立的一个条件。

- The police pushed the little elephant off the road.

   （警察把那只小象推下了马路。）

   ✎ 句中介词短语 off the road 是宾语 the little elephant 的补语，表示宾语移动的方向。

因为名词性结构是能代替名词的结构，所以**介词短语也可以由"介词＋名词性结构"构成**。例如：

- It is a secret among us.

   （这是我们之间的一个秘密。）

   ✎ 句中介词短语的构成形式为"介词（among）＋代词（us）"，用作定语修饰 secret，两者组合后表达的语义是"我们之间的秘密"。

- John is on the way to being successful.

   （约翰正在通往成功的道路上。）

   ✎ 句中介词短语的构成形式为"介词（to）＋动名词（being successful）"，用作定语修饰 way，两者组合后表达的语义是"通往成功的道路"。

- He was not surprised at what happened next.

   （他对接下来发生的事情毫不吃惊。）

   ✎ 句中介词短语的构成形式为"介词（at）＋名词性从句（what happened next）"，用作状语修饰 surprised，两者组合后表达的语义是"对接下来发生的事情吃惊"。

介词短语的用法

介词短语与四大词性的关系为：**介词短语可以当作形容词或副词使用，但不能当作名词或动词使用**。如下表所示：

	名词	形容词	副词	动词
介词短语能否用作此词类	×	√	√	×

我们再由"第 2 章 主谓宾定状补表"中提及的对照表（如下所示）可知，**介词短语可以用作定语、状语、表语和补语。**

本章接下来的内容将按照"用作定语→用作状语→用作表语→用作补语"的顺序来详细介绍介词短语的用法。

介词短语用作定语

介词短语用作定语时须紧跟在名词或代词之后，通常可将其译为"……的"。例如：

- a meeting in the morning（早晨的会议）
- the road to the north（通向北方的道路）
- a bridge over the river（一座跨越河流的桥）

如果有多个介词短语修饰同一个名词，则需要依次将各介词短语置于该名词之后。例如下列句中的两个介词短语 from Vienna 和 to Tokyo 均修饰名词 flight：

- a flight from Vienna to Tokyo
- a flight to Tokyo from Vienna

（从维也纳到东京的航班）

介词短语也可以修饰另一个结构内的名词。例如：

- Those are sunflowers in a painting by Van Gogh.
（那些是凡·高一幅画作里的向日葵。）
  - 句中介词短语 in a painting 修饰名词 sunflowers，而介词短语 by Van Gogh 修饰的是另一个介词短语 in a painting 中的名词 painting。

类似的例子如下:

- The plane crashed on an island off the coast of Italy.
  (这架飞机坠毁在意大利海岸边的一个小岛上。)

> **注意** 当遇到一个名词后面有多个介词短语作定语的情况时,务必判断每个介词短语修饰的到底是哪个名词。

介词短语用作状语

此处我们将一起看看"我们背诵的那么多固定搭配是怎么来的"。

接下来,我们将一起了解介词短语分别修饰动词、形容词、句子等时的情形。

介词短语修饰动词时的用法

我们在"第6章 副词和状语"中学习了当介词短语修饰动词时,可以被置于"句中(被修饰词之后)"和"句末"。

为了说明相关修饰规则,我们可以先看看下面的简单句:

- The kid is looking right now. ①

  (那个孩子正在看。)

这时,如果我们用副词 carefully 修饰句①中的动词 looking,就会得到:

- The kid is looking carefully right now.

  (那个孩子正在仔细地看。)

同理,如果我们用介词短语 at a little rabbit 来修饰句①中的动词 looking,可得到:

- The kid is looking at a little rabbit right now.

  (那个孩子正在看着一只小兔。)

可以看到,动词 look 和介词 at 共同组成了我们常见的固定搭配 look at。

更多的示例如下：

{ They will go tomorrow.
（他们明天会去。）
They will go to school tomorrow.
（他们明天会去上学。）}

{ The girl is thinking in her bed.
（这个女孩正在床上思考。）
The girl is thinking about her future in her bed.
（这个女孩正在床上思考她的未来。）}

从上述例子中可得到 go to 和 think about 两个搭配。

总而言之，这类"动词＋介词"固定搭配的构成原理其实很简单——它们就是**由介词短语用作状语修饰动词**所形成的。

以上介绍的是介词短语置于"句中（被修饰词之后）"的情况，下面再介绍几个介词短语位于"句末"时的例子，如下所示：

- We often have snacks at afternoon.
（我们常常在下午吃零食。）

- Could you help me hang the picture on the wall?
（你能帮我把这幅画挂在墙上吗？）

介词短语修饰形容词时的用法

当我们使用介词短语修饰形容词时，则会将其置于"句中（被修饰词之后）"。我们同样先从一个简单句开始：

- Experts are skeptical.（专家们心存怀疑。）

这时，如果我们使用介词短语 of Tom's findings 来修饰形容词 skeptical，则可得到常见搭配 skeptical of。

- Experts are skeptical of Tom's findings.
（专家们对汤姆的发现心存怀疑。）

更多示例如下：

Chinese is different.
（中文不一样。）
Chinese is different from any other languages.
（中文与其他任何语言都不一样。）

Tom was anxious.
（汤姆很担心。）
Tom was anxious about his exam results.
（汤姆很担心他的考试成绩。）

从以上两个示例中，我们可得到两个常见搭配 different from 和 anxious about。由此可见，"形容词+介词"搭配也是由**介词短语用作状语修饰形容词**形成的。

■ 介词短语修饰句子

介词短语还可以被置于句首修饰整个句子，此类例子相当常见。例如：

- On Monday, you can go out.（周一你可以出门。）

以上例句中的介词短语 On Monday 用作状语，为其后的句子添加了有关"时间"的信息。

- On the train, I met one of my colleagues.（在火车上，我遇到了一个同事。）

介词短语 On the train 也用作状语，为其后的句子添加了有关"地点"的信息。

介词短语用作表语

当介词短语跟在系动词后用作表语时，我们可以将其看作一个形容词。例如：

- He seems in good mood.（他似乎挺高兴。）
  = He seems happy.

- The waiter was in a hurry.（那名服务员匆匆忙忙的。）
  = The waiter was hurried.

介词短语用作补语

既然补语是由表语变化而来的，那么能够用作表语的结构一定也能够用作补语，介词短语也不例外。例如：

- Tom put some books on the table. （汤姆放了些书在桌上。）
- He ordered us out of the apartment. （他命令我们离开公寓。）

至此，介词短语作定语、状语、表语和补语的用法就介绍完了。

学到这里，有人可能会说："好吧，我知道介词短语可以充当哪些句子成分了。但当我在阅读中遇到介词短语时，还是不知道如何判断它在句子中到底是充当定语、状语还是补语。"

因此，我们接下来将介绍如何判断介词短语在句子中的成分。

如何判断介词短语在句子中的成分

此处将讲解如何分析一个介词短语在句子中所充当的成分。

比如，介词短语用作定语、状语或补语时，都有可能被置于句末，比如以下例句中的 under the table。我们如何判断这个介词短语所充当的成分呢？

- Dad put a parcel under the table.

我们可以通过"假设这个介词短语是定语、状语、补语中的任意一类，然后翻译成中文后看看语义是否符合逻辑"的方式，来逐个排除错误的答案。

首先，我们假设介词短语 under the table **是定语：**

如果介词短语 under the table 用作定语修饰名词 a parcel，那么 a parcel under the table 翻译过来就是"桌子下面的包裹"。所以，句子应译为："爸爸放桌子下面的包裹。"

翻译成中文后整句话并不通顺，逻辑也有问题，所以这个介词短语不充当定语。

然后，假设介词短语 under the table **是状语：**

当状语 under the table 是修饰语时，省略状语后句子就变成了：

- Dad put a parcel.（爸爸放包裹。）

放在哪儿？怎么放？句中没有表达清楚。省略介词短语后的句子变得语义不清，所以这个介词短语不充当状语。

另一种方法是直接把句子翻译成中文。当 under the table 用作状语修饰动词 put 时，句子应译为："在桌子下面爸爸放包裹。"

翻译成中文后整句话的语义也有问题，所以这个介词短语不充当状语。

最后，假设介词短语 under the table **是补语：**

根据补语的**特点二**，我们可以省略主语和谓语，并且在宾语和补语之间加入 be 动词，得到：

- A parcel was under the table.（包裹在桌下。）

以上句子与例句的语义基本相同，因此例句翻译成中文应为：

"爸爸把包裹放在了桌子下。"

所以，我们最后的结论是：例句中的 under the table 是补语。

> **注意** 以上方法除了可用于判断介词短语在句子中充当的成分外，还可用于判断动词不定式、分词等复杂结构在句子中充当的成分。

介词宾语的补语

我们称介词短语中的名词为**介词宾语**，简称**介宾**，如 on Monday 中的名词 Monday 就是介宾。因为介宾是宾语的一种，所以补语同样可以对介宾作补充说明。例如：

- I looked at Andy sitting there helplessly. ①
  　　　　　　　　　介宾补语

（我看着安迪无助地坐在那儿。）

我们一起回忆一下什么是补语——补语是对宾语的补充说明。补语的特点是：如果省略主语谓语，并且在宾语和补语之间加入 be 动词后，能够组成一个 S + V + P 句型的句子，且该句所阐述的信息与原句想要表达的信息基本相同。

所以，我们省略句①的主语和谓语并加入 be 动词后，可以得到：

- Andy was sitting there helplessly. （安迪无助地坐在那儿。）

根据以上句子可以判断，现在分词短语 sitting there helplessly 就是补语。

大家可以试着比较句①与句②，体会一下介宾补语与宾语补语用法的异同。

- I saw Andy sitting there helplessly.　　②
  　　　　　宾语补语

"介宾补语"这种用法并不少见，比如下面两个示例中的介词短语 on his arm 和动词不定式 to fight 就分别是介宾 his head 和 his people 的补语。

- He was asleep with his head on his arm.
  （他把头枕在胳膊上睡觉。）

- The king called on his people to fight.
  （国王号召他的子民去战斗。）

✏️ 为什么介词后必须接名词？

前文提到，介词的用法是"介词后须加名词构成介词短语"。但在英语学习中，有时我们会遇到介词后面不接名词且单独使用的情况。这又是怎么回事呢？我们不妨用 up 这个词来举例：

> ***up***
> *adv.* 起来；上涨；向上
> *prep.* 在……之上；向……的较高处
> *adj.* 涨的；起床的；向上的
> *n.* 上升；繁荣

第一类疑似用法

有人将 get up 理解为"动词 + 介词"。例如：

- I get up early.（我起床很早。）

我们可以利用"第 2 章 主谓宾定状补表"中提供的判断系动词的方法，尝试将句中的 get 替换为 be 动词，可以得到：

- I am up early.（我起床很早。）
  ✎ 以上句子与原句表达的信息基本相同。am 是系动词；up 是形容词，意思为"起床的"。

因此，这种用法中的 up 并不是介词，而是形容词。

第二类疑似用法

有人将 stand up 理解为"动词 + 介词"。例如：

- He stands up to grab the ping-pong ball.（他站起来去拿乒乓球。）
  ✎ 句中的 up 不是介词，而是副词。它在句中作状语修饰动词 stands，意思为"向上"。

相似的用法如下所示：

- The police looked in.（警察往里看了看。）
  ✎ 副词 in 作状语修饰动词 looked 时，表达"往里看"之意。

- A bird flew over.（一只鸟飞过了。）
  ✎ 副词 over 用作状语修饰动词 flew，表达"飞过"之意。

而下面这句话就是错误的，因为 into 只有介词词性，并没有副词词性。

- The police looked into.　　　　　　　　　　（×）

正确的用法是用 into 构成介词短语，再来修饰动词 looked：

- The police looked into the room.　　　　　　（√）

第三类疑似用法

有人将 lift...up 中的 up 也理解为介词。例如：

- The guy lifted the wooden box up.（那名男子把木箱提了起来。）

不妨将此句与下面的例句（S+V+O+C 句型）比较一下，是不是非常相似呢？

- The guy put the wooden box on the table.（那名男子把木箱放在了桌子上。）

所以例句是 S+V+O+C 结构，而 up 是形容词，在句中用作宾语补语。
因此，这种用法中的 up 也不是介词。

类似用法如下所示：

- Can you turn the light off?（你能把灯关掉吗？）

- You may keep him out the whole night.（你可以把他整夜挡在外面。）

在以上两个示例中，形容词 off 和 out 分别用作宾语 the light 和 him 的补语。

从以上示例可以看出，介词并不会出现单独使用的情形。大家使用介词时，一定要先将其组合成介词短语，再应用到句子中。

部分倒装语序 vs 介词短语修饰动词

此处将介绍"部分倒装语序"与"介词短语修饰动词"的区别。

在 S+V+O+C 句型中，如果宾语的长度比补语还要长，则有时可以将宾语后置，形成**部分倒装语序**。例如：

- The guy is lifting the wooden box up.
  =The guy is lifting up the wooden box. ①

- Can you turn the light off?
  =Can you turn off the light? ②

> **注意** 一定要弄清句①及句②的形式与"介词短语修饰动词"形式的区别。

请判断下面两个句子中哪个使用了部分倒装语序、哪个是介词短语作状语修饰动词的情形呢？

{ Tom turned on the radio.（汤姆打开了收音机。）
{ Tom jumped on the bus.（汤姆跳上了公交车。）

判断方法其实很简单。我们可以尝试将两句话中的介词 on 还原到补语位置，第一句话就变成了：

- Tom turned the radio on.

根据补语的特点，在宾语 the radio 和 on 之间加入 be 动词，可以得到：

- The radio was on.（收音机是开着的。）

我们不难得出，on 是形容词，它在原句中充当补语。

而第二句话则变成了：

- Tom jumped the bus on.

在宾语 the bus 和 on 之间加入 be 动词，得到：

- The bus was on.　　　　　　　　（×）

我们可以看出，on 并不能后置，所以此句中的 on 不是补语，原句应为：介词短语 on the bus 用作状语修饰动词 jumped。

练习十一

请找出下列句子中所包含的介词短语，并说明介词短语在句中充当的成分。

1. He was found in good health.

   _____

2. You have to raise up your hands.

   _____

3. FIFA will expand the World Cup to 48 teams from 32 as of 2026.

   _____

4. They were anxious about dealing with those problems.

5. The outcome of the election was in doubt.

6. Unlike any other robots, it is dependent on a touchscreen.

7. Mr Han is a senior technician for the Craft Studio with 20 years of experience.

8. In the police raid, 150 counterfeit watches worth nearly 2 million *yuan* were confiscated.

9. For the past three weeks, the man has been searching for answers to questions on air pressure.

10. I'm not for kids putting themselves in danger.

11. One of the premier's stops during his visit to Switzerland is the United Nations Office in Geneva.

拓展 2　聊聊 used 的用法

在学习过程中，我们很容易被 used 这个词所困扰，因为有太多与这个词相关的搭配，一不小心就可能用错了。

有关 used 的常见搭配如下所示：

- get used to doing　　（习惯做某事）
- be used to something　（习惯某件事）
- become used to doing　（变得习惯做某事）
- used to do　　　　　　（过去常常做某事）
- be used to do　　　　　（被用来做某事）
- …　　　　　　　　　　……

我们将通过学习 used 相关搭配的构成原理来达到两个目的：一是复习前文讲解过的内容，二是告诉大家不要死记硬背固定搭配。只有从语法的角度去理解它们，才会有事半功倍的效果。

首先我们在词典中查阅 used 这个词，可以得到：

> **used**
> *adj.* 习惯的；二手的，使用过的
> *v.* 用（use 的过去式）；(used to) 过去常做

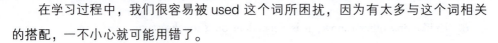

既然 used 有形容词的词性，我们可以将它用作表语：

- I am used.（我习惯了。）　　　　　　　　　　　①

接下来利用介词短语来丰富句①的内容，比如用介词短语 to hot days 作状语，修饰形容词 used，得到：

- I am used to hot days. （我习惯了炎热的天气。）　　　　　　　　②

这就构成了我们熟知的固定搭配 be used to something。

如果我们用 become, seem 等系动词来替换句②中的 be 动词，则会得到以下句子：

- I become used to hot days. （我变得习惯了炎热的天气。）　　　　③
- I seem used to hot days. （我似乎习惯了炎热的天气。）　　　　　④

become used to something, seem used to something, get used to something 等固定搭配就是这么来的。

我们还可以将句②中介词短语 to hot days 中的介宾 hot days 替换成其他名词性结构，例如动名词 having healthy diets，则可得到：

- I am used to having healthy diets. （我习惯了健康饮食。）　　　　⑤

于是便构成了固定搭配 be used to doing。

同理，我们还可以将这个动名词替换为名词性从句或代词，如下所示：

- I am used to what the world is like. （我习惯了这个世界的样子。）　⑥
- I am used to something ugly.
  （我习惯了一些丑陋的现象。）　　　　　　　　　　　　　　　　　⑦

可见，死记硬背固定搭配并不是有效的学习方法。我们需要做的是分析固定搭配后面隐藏的语法意义，只有这样，英语学习才会变得有趣。

📝 当 used 词性为 v. ，意思为"过去常做"时

从前文可以看出：used to 在词典中直接被归纳为一类用法。

在实际应用中，我们通常把 used to 看作一个类似 will 的助动词。试比较：

{
He used to go shopping during the weekend.
(他以前周末常去商店买东西。)
He will go shopping after class.
(他下课后会去商店买东西。)
}

所以，used to do 搭配可以看作是由"助动词（used to）+ 动词原形"构成的。

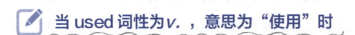

当 used 词性为 v.，意思为"使用"时

{
The Internet can be used to do what traditional advertising does.
(互联网可以用于做传统广告所做的事情。)
People can use the Internet to do what traditional advertising does.
(人们能用互联网做传统广告所做的事情。)
}

不难发现，第一句为第二句的被动语态。

所以，be used to do 搭配是由"use 的被动语态（be 动词 + 过去分词）+ 修饰 use 的动词不定式"构成的。

第 12 章
名词性从句

从本章开始,我们将一起学习复杂句。我们一般将复杂句分为两类,即:**并列句和从句**。

这里需要说明的是,复杂句的名称中虽然带有"复杂"两个字,但其构成原理并不复杂,因为**复杂句不过是多个简单句组合而成的句子**。

并列句和从句

当我们比较一个复杂句中的两个子句时,会产生两种结果:两个子句的重要性相同或两个子句的重要性不同。

当复杂句中两个子句的重要性相同时,我们称这个复杂句为**并列句**。例如:

- He is a worker, and she is a teacher.
  (他是一名工人,她是一位老师。)

我们将其称为并列句,就是因为两个子句"He is a worker"和"she is a teacher"是同样重要的,无法说由谁修饰谁。

而当复杂句中两个子句的重要性不同时,则这个复杂句中含有**从句**形式。例如:

- Although he worked hard, he failed in the exam.
  (尽管努力学习了,但他还是未能通过考试。)

"他还是未能通过考试"是这句话想表述的主要内容,我们称 he failed in the

exam 为这个复杂句的**主句**。主句是一句话中最核心的部分。而 Although he worked hard 的作用是修饰主句,并为主句增添一些附加信息,我们称其为**从句**。

在接下来的三章中,我们将一起学习名词性从句、定语从句和状语从句这三类从句,而并列句的相关内容则会在之后的"第 15 章 并列句"中介绍。

一 从句

我们称复杂句中最重要的子句为**主句**,而称其他起附属和修饰作用的子句为**从句**。

既然是"最重要的",那就说明一个复杂句中仅能存在一个主句。由于从句只起修饰作用,所以一个复杂句中的从句数量没有限制。例如:

- Because Emily has a strong character, she will finally make it whatever she is going through.
  (由于艾米丽有着非常坚强的性格,无论她正在经历什么,她最终一定会成功。)

  在此句中,she will finally make it 是主句,是整个复杂句所要表达的重点;而 Because Emily has a strong character 和 whatever she is going through 只是为主句提供了额外的信息,因此它们是从句。

> **注意** 因为主句可以被简化为一个简单句,所以主句是可以独立成句的。例如:
>
> - She will finally make it.　　　　　　　(√)
>
> 但从句只起附属和修饰作用,因此并不能够单独成句。以下用法就是错误的:
>
> - Because Emily has a strong character.　　(×)
> - Whatever she is going through.　　　　(×)

至此,我们能够得出结论:**一个复杂句中必须包含主句而且仅有一个主句,否则它就不是一个语法正确的句子。**

从句的三种类型

当我们学习一类结构时,首先要看这个结构与四大词性的关系,也就是回答以下几个问题:

> "这个结构可以当作名词使用吗?"
>
> "它可以当作形容词使用吗?"
>
> "它可以当作副词使用吗?"

非常巧合的是,从句分为**名词性从句**、**定语从句**、**状语从句**共三个大类,而这三类从句正好分别对应**名词**、**形容词**、**副词**这三大词性。以下是每类从句的简单介绍和示例:

名词性从句是可以当作**名词**使用的从句。例如:

- She told me that she would accept the invitation.
  (她告诉我她会接受邀请。)
  ✎ 名词性从句 that she would accept the invitation 在句中充当直接宾语。

定语从句是可以当作**形容词**使用的从句。例如:

- We will never forget the days when we were with Mr Smith.
  (我们永远不会忘记与史密斯先生在一起的日子。)
  ✎ 定语从句 when we were with Mr Smith 用作定语,修饰名词 days,两者共同表达的语义是"我们与史密斯先生在一起的日子"。

状语从句则是可以当作**副词**使用的从句。例如:

- As long as you keep on trying it, you will certainly succeed.
  (只要你持续尝试,你一定会成功的。)
  ✎ 状语从句 As long as you keep on trying it 用作状语,修饰整个主句 you will certainly succeed,为主句的成立提出了一个附加的"条件"。

二 名词性从句

由于名词性从句可以看作一类特殊的名词，因此它的用法可以这样表述："名词怎么用，名词性从句也就能怎么用"。

名词性从句的用法

我们在"第4章 名词和名词性结构"中学习过，**名词性从句是名词性结构，它可以被置于名词所处的五个位置之一**，即：主语（S）、宾语（O）、表语（P）、补语（C）或介宾（Op）。

① 处于主语位置：

- **Who will win the match** is unknown. （句型：S + V + P）

  （谁将赢得这场比赛是未知的。）

② 处于宾语位置：

- Tom said **that he expected to go abroad**. （句型：S + V + O）

  （汤姆说他期待出国。）

③ 处于表语位置：

- My dream is **that I would have my own house**. （句型：S + V + P）

  （我的梦想是拥有自己的房子。）

④ 处于补语位置：

- The teacher made John **who he wanted to be**. （句型：S + V + O + C）

  （那位老师使约翰成了他想成为的人。）

⑤ 处于介宾位置：

- Your future depends on **how hard you work**. （句型：S + V）

  （你的未来取决于你有多努力。）

> **注意** 有些语法书中会将类似①②③的句型称为主语从句、宾语从句、表语从句等等,其实这样的定义并无必要。不难发现,①至⑤中的句子实际上都包含名词性从句,只不过这些名词性从句被放到了名词所处的不同位置上。

有时过多的定义并不一定有助于理解,甚至还有可能造成概念上的混乱。大家只需要记住:**从句有三类,分别是名词性从句、定语从句和状语从句。**

名词性从句的构成方式

在句子的构成方面,名词性从句和疑问句是非常相似的。 接下来,我们将用一个例子来分别简述两者在构成方式上的异同:

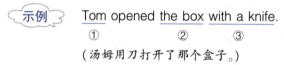

(汤姆用刀打开了那个盒子。)

如上所示,我们将这句话中的 Tom, the box, with a knife 分别编号为①、②、③。

疑问句的构成方式

如果我们需要写出三个疑问句,要求是分别针对**示例**中的第①、②、③部分提问,该如何改写呢?

我们一般通过两个步骤来完成改写,以下是对句中 the box 提问的改写示例。

步骤一 将句中需要提问的部分替换为相应的疑问代词(或疑问副词),并将其置于句首。

因为 the box 是一个事物,所以我们将其替换为疑问代词 what,并将 what 置于句首,如下图所示:

步骤二 将助动词放在疑问代词（或疑问副词）后面，并将处于句尾的句号"."改为问号"?"。

由于"What Tom opened with a knife."相当于"What Tom did open with a knife."，所以本句中谓语动词的助动词为 did。

我们将助动词 did 置于疑问代词 What 之后，将句号改为问号，即可得到以下疑问句：

- What did Tom open with a knife?

我们通过以上方法分别对**示例**中的第①、②、③部分提问，可得到以下三个疑问句：

- Who opened the box with a knife?（谁用刀打开了那个盒子？）
- What did Tom open with a knife?（汤姆用刀打开了什么？）
- How did Tom open the box?（汤姆是怎样把那个盒子打开的？）

名词性从句的构成方式

名词性从句的改写方法比疑问句更为简单，因为我们只需要完成上述**步骤一**即可（改写名词性从句时不需要将助动词提前）。

我们接下来针对**示例**中的①、②、③部分将其改写为以下三个名词性从句：

- who opened the box with a knife（谁用刀打开了那个盒子）
- what Tom opened with a knife（汤姆用刀打开了什么）
- how Tom opened the box（汤姆怎样把那个盒子打开的）

不难看出，与疑问句相比，名词性从句有两个不同之处：

> 一是名词性从句改写时不用将助动词提前；
> 二是名词性从句并不表示疑问语气。

我们称以上名词性从句中的 who，what，how 为名词性从句的**引导词**，而 when，where，why，whose，which，whoever，whatever 等疑问代词（疑问副词）也可以作为名词性从句的引导词。

■ 使用名词性从句时需注意的要点

需要注意的是，疑问句是可以单独成句的。例如：

- How did Tom open the box?　　　　　　　　　　(√)

但由于名词性从句是名词性结构，它只能构成句子的一个部分，所以并不能够单独成句。如以下句子就是错误的：

- How Tom opened the box.　　　　　　　　　　(×)

如果要使用名词性从句，则必须将其置于名词所处的五个位置之一。举一个 S + V + O 句型的例子：

- I knew something.（我知道一些事情。）

我们可以将名词性从句分别代入以上句子的宾语（O）中，于是得到：

- I knew who opened the box with a knife.
  （我知道谁用刀打开了那个盒子。）

- I knew what Tom opened with a knife.
  （我知道汤姆用刀打开了什么。）

- I knew how Tom opened the box.
  （我知道汤姆是怎样把那个盒子打开的。）

以上就是名词性从句的构成方式。

引导词 that，whether 和 if

that，whether 和 if 引导的名词性从句

除了疑问代词和疑问副词，还有三个词也可以作为名词性从句的引导词，即：that，whether 和 if。

使用这三个引导词时，我们无须按照前文介绍的方法对陈述句进行改写，而应**该将这三个词直接置于简单句的句首**。例如：

- that Tom opened the box with a knife
  （汤姆用刀打开了那个盒子）

- whether Tom opened the box with a knife
  （汤姆是否用刀打开了那个盒子）

- if Tom opened the box with a knife
  （汤姆是否用刀打开了那个盒子）

同样，当我们使用上述名词性从句时，也需要将其置于名词所处的五个位置中的任意一个。例如：

- That Tom opened the box with a knife surprises us.
  （汤姆用刀打开那个盒子这件事使我们很吃惊。）

- They asked me if Tom opened the box with a knife.
  （他们问我汤姆是否是用刀打开了那个盒子。）

- We are curious about whether Tom opened the box with a knife.
  （我们很好奇汤姆是否用刀打开了那个盒子。）

whether 和 if 的词义均为"是否"，一般情况下两者可以互换使用。有一点例外是：whether 可以引导作主语的名词性从句，但 if 不可以。如以下例子所示：

- Whether we will go there tomorrow depends on the weather.　　（√）
  （我们明天是否去那里取决于天气。）

- If we will go there tomorrow depends on the weather.　　（×）

引导词 that 的省略

that 是名词性从句众多引导词中最为特殊的一个，因为它没有任何词义。因此，在 S+V+O 句型中，如果宾语位置上放置的是 that 引导的名词性从句，则通常可以将 that 省略。例如：

- I knew ~~that~~ Tom opened the box with a knife.
  （我知道汤姆用刀打开了那个盒子。）
- She said ~~that~~ the problem would be solved soon.
  （她说问题很快就能解决。）

此外，S+V+P 句型中 P 为形容词时，其后名词性从句中的 that 通常也可以省略。例如：

- I'm afraid ~~that~~ you have been late. （恐怕你已经迟到了。）
- I was delighted ~~that~~ Tony passed the test. （我很高兴托尼通过了测试。）

I'm afraid that... 中的 that 从句到底是什么类型的从句？

前文的例句中使用了 I'm afraid that...这个句型。既然一个从句必然属于名词性从句、定语从句和状语从句中的一类，那么这个句子中的 that 从句应该被归入哪一类呢？

我们一起来分析这个问题。首先用大家学过的 afraid of 这个搭配来举一个例子：

- I'm afraid of snakes. （我害怕蛇。）

如果我们用一个名词性从句来替代名词 snakes，则得到：

- I'm afraid of what might happen next. （我害怕接下来可能发生的事情。）

如果我们用 that 引导的名词性从句来替代名词 snakes，则得到：

- I'm afraid of that you will catch a cold. （我害怕你会感冒。）

但这个句子是错误的。因为英语中的习惯是**不能将 that 引导的名词性从句直接置于介词之后。而正确的用法是将 that 引导的名词性从句前面的介词省略。**当我们省略以上句子中的 of 后，会得到：

- I'm afraid that you will catch a cold.

所以，I'm afraid that...中的 that 从句应该被归为名词性从句。

类似句型如下所示：
- I was sure that I would pass the exam.
 （我很确定我会通过这次考试。）
- I am sorry that the British team was defeated again.
 （我很遗憾英国队又输了。）

以上句子中的 that I would pass the exam 和 that the British team was defeated again 实际上均为名词性从句。

形式主语 it 和形式宾语 it

我们用形式主语 it 和形式宾语 it 来解决句子结构不平衡的问题。

形式主语 it 的用法

如果我们将名词性从句置于主语（S）位置，则有可能出现句子"头重脚轻"的情形。例如：

- That we stay away from the crowded city after feeling tired is a good idea.
 （我们感到疲倦时远离拥挤的城市是一个好主意。）
 > 在以上例句中，我们读到句尾 is a good idea 时才能够弄清楚这是一个 S + V + P 句型。此外，如果主语较长的话，理解难度会增大。

我们通常追求语言表达的简洁高效，以上句子结构显然与此相违背，而形式主语 it 可用于解决这一问题。

形式主语 it 的用法为：**将形式主语 it 置于主语位置，再将原来的主语置于句尾**。如下所示：

- It is a good idea that we stay away from the crowded city after feeling tired.
  形式主语 it　　　　　　　　　　　主语后置

这样一来，名词性从句就与句子的其他成分隔开了，此时我们只需要读到 It is a good idea 就能明白这是一个 S + V + P 句型，而其后的内容为被后置的主语。整个句子的结构就非常清晰了。

■ **形式宾语 it 的用法**

在 S + V + O + C 句型中，我们则会用到形式宾语 it。形式宾语的用法和形式主语类似。例如：

- We consider that we sign a contract in a few days desirable.
  （我们认为在几天内签订一份合同是有必要的。）
  ✎ 在以上例句中，S + V + O + C 句型中的宾语夹在谓语和补语之间，如果处于宾语位置的名词性从句过长，我们就很难看清句子的结构。

而当我们将**形式宾语 it 置于宾语位置，并将原来的宾语置于句尾**，就能得到一个结构清晰的句子：

- We consider it desirable that we sign a contract in a few days.
               形式宾语 it   宾语后置

练习十二

请按照要求改写下列两个句子：

1. They will hold a gala in the theater. （他们将在这个剧院里举办一次晚会。）
       ①   ②   ③

   第一步：分别针对①、②、③部分，将原句改写为三个疑问句；

   _____
   _____
   _____

   第二步：分别针对①、②、③部分，将原句改写为三个名词性从句；
            然后使用引导词 whether 构造第四个名词性从句；

第三步：写四个句子，要求第二步中得到的四个名词性从句分别作为这四个句子的主语、介宾、宾语和表语。

2. Tom went to Shanghai last month. （汤姆上个月去上海了。）
　　　　　　①　　　　②

　　第一步：分别针对①、②部分，将原句改写为两个疑问句；

　　第二步：分别针对①、②部分，将原句改写为两个名词性从句；
　　　　　　然后使用引导词 that 构造第三个名词性从句；

　　第三步：写三个句子，要求第二步中得到的三个名词性从句分别作为这三个句子的介宾、宾语和主语。

拓展 3　聊聊英语中 it 的用法

在各类报刊文章中，it 这个词可以说是无处不在。如果我们没有弄清 it 的常见用法，就有可能读不懂某些句子，进而也会影响我们对英语的熟练应用。

首先复习一下我们在前文学过的 it 的三类用法，即 it 用作代词、形式主语和形式宾语。

it 的第一类用法：用作代词

- The book is mine. It is very interesting.
  （这本书是我的。它非常有趣。）
- Don't get close to the big dog. It looks very dangerous.
  （别靠近那条大狗。它看起来非常危险。）

其中，代词 it 分别指代前文中出现过的 The book 和 the big dog。

it 的第二类用法：用作形式主语

在"第 12 章 名词性从句"中，我们介绍过可以将形式主语 it 放在主语位置上，并将原来的主语置于句尾。这么做的目的是将较长的结构后置，以使句子结构更加清晰。例如：

That we shall succeed is certain.
（我们肯定能成功。）
It is certain that we shall succeed.

除了能用于替代名词性从句，形式主语 it 还可以替代用作主语的动名词和动词不定式。比如，以下例句中的 it 就分别替换了动名词 playing computer games 和动词不定式 to get to the town in half an hour。

一看就懂的英语语法书

{ Playing computer games is no good.
（玩电脑游戏是没有好处的。）
It is no good playing computer games.

{ To get to the town in half an hour is almost impossible.
（半小时到达那个小镇几乎是不可能的。）
It is almost impossible to get to the town in half an hour.

■ it 的第三类用法：用作形式宾语

如果 S + V + O 句型中的宾语较长，则我们可以将形式宾语 it 置于宾语位置并将原来的宾语置于句尾，以使句子结构更加清晰。

形式宾语 it 也可以替代作为宾语的名词性从句、动名词或动词不定式。如下所示：

{ Shelly made that she would not go clear.
（雪莉明确了她不会离开。）
Shelly made it clear that she would not go.

{ I find to describe my present situation difficult.
（我发现很难描述我现在的处境。）
I find it difficult to describe my present situation.

除了以上三类用法之外，我们还将介绍 it 的另外两种常见用法，即："dummy it" 和表示强调句。

■ it 的第四类用法："dummy it"

我们可以将 "dummy it" 解释为 "只有象征意义的 it"。为什么说它只有象征意义呢？因为在某些情况下，it 不指代任何特定的对象，本身也没有任何词义，它唯一的作用就是在句中填补主语或宾语的位置。例如：

150

- It is dark outside.（外面天黑了。）
- It seems that he has been there for years.（似乎他已经在那里很多年了。）
- Can you make it to the party?（你能来参加这次聚会吗？）

不难发现，以上句子中的 it 没有任何意义，仅有语法上的作用。

it 的第五类用法：用于构成强调句

it 的另外一种常见用法是构成强调句。强调句的常见结构为：It + be **动词** + **强调部分** + that...

强调句的构成原理非常简单，即：把一句话中需要强调的内容放在上述结构中的"**强调部分**"，并将这句话的其他部分置于上述结构中的 that 之后。例如：

- Tom opened the box with a knife.
  ①   ②   ③

如果我们分别强调以上句子的①、②、③部分，则可以得到：

- It was Tom that opened the box with a knife.
  （是汤姆用刀打开了那个盒子。）

- Was it the box that Tom opened with a knife?
  （汤姆用刀打开的是那个盒子吗？）

- It was with a knife that Tom opened the box.
  （汤姆是用刀打开那个盒子的。）

可见，将不同的内容放在"强调部分"时，句子表述的重点会有所变化。

至此，it 的五类常见用法介绍完毕。当大家再次遇到 it 时，一定要仔细考虑它到底属于这五类用法中的哪一类。只有弄清了 it 的用法，你才能更好地理解句子以及整个篇章。

第 13 章
定语从句

英语中共有三类从句，分别为：名词性从句、定语从句和状语从句。本章将介绍其中的第二类从句——定语从句。

定语从句是能够被当作形容词使用的从句，也被称为关系从句。例如：

- Those are apples that I bought for kids. （那些是我给孩子们买的苹果。）

  其中 that I bought for kids 为定语从句，含义是"我给孩子们买的"，它在句中的作用相当于形容词，修饰其前面的名词 apples。

定语从句的构成

"一个包含定语从句的复杂句"是由两个（或以上）简单句组合而成的。举一个例子：

⎧ The girl was in red.　　　　　①
⎨ （那个女孩穿着红色衣服。）
⎩ The girl broke the glass.　　　②
　 （那个女孩打破了玻璃杯。）

因为句①和句②中都有 The girl 这个对象，所以我们可以将任意一句改写为定语从句，然后再将两个句子组合成一个复杂句。那么，定语从句是如何构成的呢？

实际上，定语从句的构成方式与名词性从句基本相同，即：**将句中需要改写的部分替换为相应的关系代词（或关系副词），并将这个关系代词（或关系副词）置于句首**。

所以，如果我们想将句①改写成定语从句，就要先将其中的 The girl 替换为关系代词 who。又因为 who 已经位于句首了，所以句①被改写为以下定语从句：

- who was in red（穿红色衣服的［某个人］）

构成定语从句之后，我们再用该定语从句修饰句②中的名词 The girl，这样一来，原来的句①和句②这两个简单句便组合成了一个带有定语从句的复杂句。如下所示：

- The girl who was in red broke the glass.
（穿红色衣服的女孩打破了那个玻璃杯。）

当然，我们也可以将句②改写成定语从句，再用它来修饰句①中的 The girl，则得到另一个包含定语从句的复杂句。如下所示：

- The girl who broke the glass was in red.
（打破那个玻璃杯的女孩身穿红色衣服。）

定语从句中的引导词

我们首先来看看前文提及的两个带有定语从句的复杂句：

- The girl who was in red broke the glass.
- The girl who broke the glass was in red.

改写这两个定语从句时，我们用关系代词 who 替换了 The girl，因为 who 这个词是专门用于替换 people（人）的；又因为 who 位于句首并引导了整个定语从句，我们将这类词称为定语从句的**引导词**。

除了 who 以外，定语从句的常见引导词还有 whom, which, that, where, when 和 whose。

既然 who 是用于替换 people 的，那么其他的引导词又分别用于替换什么呢？答案见表格。

引导词	替代对象
who/whom	people（人）
which	objects（事物）

（续）

引导词	替代对象
that	people or objects（人或事物）
where	place（地点）
when	time（时间）
whose	possessive（所有格）

上表需要特别注意的有两个地方：

一是 whom 的用法和 who 相同，但它常用于书面语中，且专门用于替换宾语（介宾）位置上的 people。在非正式场合中，我们一般用 who 替换 people，而不使用 whom。

二是 who 替换的对象是 people，which 替换的对象是 objects，而 that 则可以替换 people 或 objects。

因此，前文提及的两个定语从句中的 who 替换为 that 也是完全成立的。如下所示：

- The girl that was in red broke the glass.
- The girl that broke the glass was in red.

为加深大家对定语从句引导词的理解，这里再举一个例子：

- Can you help to find a room?　　　①
  （你能帮忙找一个房间吗？）
- We can dance in a room.　　　②
  （我们能在一个房间里跳舞。）

因为句①和句②中有相同的内容 a room，所以我们可以将其合并为一个包含定语从句的复杂句。

比如，我们选择将句②改写为定语从句。因为句中的 room 属于事物，而 in a room 属于地点，我们选择引导词时可以选用 which/that（替换名词 a room）或关系副词 where（替换介词短语 in a room）。如下所示：

- which/that we can dance in　or　where we can dance

然后，我们再用上面两个定语从句分别修饰名词 a room，则得到：

- Can you help to find a room which/that we can dance in?   ③
- Can you help to find a room where we can dance?

这两个句子都是正确的，翻译成中文后意思均为"你能帮忙找一个我们可以跳舞的房间吗？"

> **注意** 当定语从句的引导词 which 或 whom 替换原句中的介宾时，在书面语中一般会将该介宾前的介词置于 which 或 whom 之前。所以，句③中的定语从句 which we can dance in 在书面语中应该被调整为 in which we can dance，即：
> - Can you help to find a room in which we can dance?

引导词的省略

我们知道，引导词 who，whom，that，which 可用于替换句子中的 people 或 objects。

此时，如果以上引导词替换的是宾语（O）或者介宾（Op），则我们可以将这个引导词省略。

用下面这个句子来举例：
- Those are apples which/that I bought yesterday.

  （那些是我昨天买的苹果。）

不难发现，在以上句子中，定语从句引导词 which/that 替换的是句子 I bought apples yesterday 中的宾语 apples。由于引导词替换的是宾语，因此我们可以将引导词 which/that 省略：
- Those are apples I bought yesterday.

再如：
- Who is the man who/whom/that you were talking to?

  （和你说话的那个人是谁？）

我们可以看出，引导词 who/whom/that 替换句子 you were talking to the man 中的介宾 the man。所以，我们也可以省略以上句子中的引导词：

- Who is the man you were talking to?

 ## 引导词 that 的特殊用法

除用于替换引导词 people 和 objects 外，引导词 that 还有一种比较特殊的用法，即**跟在名词之后表示这个名词的具体内容**。例如：

- We reached the decision that Tom would remain the captain.
  （我们做出了汤姆继续当队长的决定。）

可以看到，引导词 that 后的 Tom would remain the captain 是一个成分完整的简单句。也就是说，引导词 that 并没有替换句子中的任何对象。那么，此类定语从句是如何构成的呢？

大家还记得前文介绍过的定语构成原理吗？即：如果省略 S + V + P 句型中的 be 动词，原来的表语（P）就会变成修饰主语（S）的定语。

由此我们不难看出，例句中的定语从句部分是由下面这个句子省略 be 动词后得到的。

- The decision was that Tom would remain the captain.
  （决定是汤姆继续当队长。）

省略 be 动词后，以上句子就变成了一个短语，即：

- the decision that Tom would remain the captain
  （汤姆继续当队长的决定）

这类定语从句就是这么来的。

 ## 限制性定语从句和非限制性定语从句

实际上定语从句共分为两类，即：**限制性定语从句**（restrictive clauses）和**非限制性定语从句**（nonrestrictive clauses）。

比如下面示例中的 who flattered her 就是限制性定语从句：

> She despised people. （她看不起人。）
> She despised people who flattered her. （她看不起吹捧她的人。）

比较上面两句话可以发现：**定语从句对名词起限定作用，它缩小了名词的表示范围**，即范围由"人"缩小至"吹捧她的人"。

我们称此类定语从句为限制性定语从句。

在有些场景下，**名词的指向已经非常明确**或是**表示的对象已经是唯一的了**，这时我们就无法再用定语从句来缩小它的表示范围了。例如：

- John made a card for his mom who loves him most.　　　（×）
  （约翰给最爱他的那个妈妈做了一张卡片。）

在以上句子中，限制性定语从句 who loves him most 修饰 mom，整个句子翻译过来就是"最爱他的那个妈妈"。因为约翰只有一个妈妈，"最爱他的那个妈妈"这一表述明显不合逻辑，所以这里使用限制性定语从句是错误的。

此时，我们应该使用非限制性定语从句，因为**非限制性定语从句并不直接修饰名词或代词，只是为名词或代词提供一些附加信息**。所以我们应将句子改写为如下形式：

- John made a card for his mom, who loves him most.　　　（√）
  （约翰给妈妈做了一张卡片，妈妈最爱他。）

如以上句子所示，当使用非限制性定语从句时，要用"逗号"将其与句子隔开。

再举一个例子：

- My hometown is Beijing that is the capital of China.　　　（×）
  （我的家乡是中国首都的北京。）
- My hometown is Beijing, which is the capital of China.　　　（√）
  （我的家乡是北京，中国的首都。）

显然，因为全世界只有一个北京，所以我们应该用非限制性定语从句来为它添加一些额外信息。

那么，像 Beijing 这种独一无二的词，是不是就不能用限制性定语从句修饰呢？其实不是，一句话的正误与其所处情境是分不开的，独一无二的词在不同的情境下也可以被细分为多个种类。例如，Beijing 在时间维度上可以被分为"以前的北京"和"现在的北京"，所以下面的句子就是正确的。

- I like the Beijing that was warm and sunny years ago.　　　　（√）

（我喜欢几年前温暖而晴朗的北京。）

所以，如果要判断应该使用限制性定语从句还是非限制性定语从句来修饰一个词，千万不要套用生硬的规则，而需要结合上下文及这句话表达的语义来仔细分析和选择。

引导词 which 或 that 的选择

有些人在使用定语从句时，会很纠结应该选择 which 还是 that，此处将对这个问题进行解答。

首先，我们将一起讨论限制性定语从句的情况。

我们知道，which 和 that 均可以用于替换 objects，那么什么时候该用 which 或是 that 呢？例如：

- He painted a picture which/that was about a fairy tale.

从理论上说，以上句子中使用 which 和 that 都是正确的，因为两者在引导限制性定语从句时是可以互换的。

但在日常应用中，我们会用 that 来引导限制性定语从句，并将它看作限制性定语从句的一个典型标志。

但也有特例，即如果有介词前置的情形，则必须使用 which。比如以下例句中的介词 in 就被置于引导词之前：

- Can you help to find a room in which we can dance?

此时的引导词就不能选用 that 了，如以下句子就是错误的：

- Can you help to find a room in that we can dance?　　　　（×）

接下来讨论非限制性定语从句的情况。

无论在什么情况下，that 都不能用作非限制性定语从句的引导词，如以下句子就是错误的：

- Apples, that are good for health, should be eaten every day.　　（×）

我们只能使用 which 作为引导词，如下所示：

- Apples, which are good for health, should be eaten every day.　（√）
  （苹果有利于健康，应该每天都吃。）

这里顺便提一下：**在非限制性定语从句中，which 不仅能用于替换 objects，而且能用于替代整个主句**。例如：

- Tom pretended not to know me, which made me rather embarrassed.
  （汤姆假装不认识我，这使我相当尴尬。）

在以上句子中，which 替代整个主句 Tom pretended not to know me，表示"汤姆假装不认识我这件事使我相当尴尬"。

总而言之，我们通常使用 that 引导限制性定语从句，而使用 which 引导非限制性定语从句。

如何省略定语从句

接下来将介绍如何通过省略定语从句的部分内容来达到精简句子的目的。举一个限制性定语从句的例子：

- Do you know the man that is in the car?
  （你认识坐在车里的那个人吗？）

事实上，以上句子不够简洁。因为 the man 和 that 代表同一个人，而 be 动词只起语法作用但并无实际含义。

所以，我们可以省略以上句子中的引导词 that 和 is，得到：

- Do you know the man in the car?

可以发现，省略之后修饰 the man 的定语从句 that is in the car 变为了介词短语 in the car，整个句子由一个复杂句变成了一个简单句。

所以，**只要定语从句是 S + V + P 句型，且引导词为 which/who/that 时，我们都可以通过省略引导词和 be 动词来达到简化从句的目的**。更多限制性定语从句的例子如下所示：

{ Those are books that were borrowed from the library.
{ Those are books borrowed from the library.
（那些是我从图书馆借来的书。）

{ A person who is good at cooking is welcome anywhere.
{ A person good at cooking is welcome anywhere.
（会做饭的人在哪里都受欢迎。）

当然，我们也可以利用同样的原则来省略非限制性定语从句。例如：

{ Her brother, who is 19, studies in Tsinghua University.
{ Her brother, 19, studies in Tsinghua University.
（她的弟弟，19 岁，在清华大学学习。）

{ I am working in the building, which was built last year.
{ I am working in the building, built last year.
（我在这栋楼里工作，它是去年建成的。）

练习十三

请根据中文译文，将每组中的两个简单句组合成一个定语从句。

1. （我喝了太多的可乐，可乐使我发胖。）
   { I drank too much cola.
   { Cola made me fat.

   _____

2. （约翰要回伦敦了，你曾在北京遇到过他。）
   { John is going back to London.
   { You met John in Beijing.

   _____

3. (他正在用来写字的那支钢笔是我的。)
   { He is writing with a pen.
   { The pen is mine.
   _____

4. (穿红色裙子的那个孩子叫露西。)
   { The kid wore a red dress.
   { The kid was Lucy.
   _____

5. (那里有很多公交车，大多数是满的。)
   { There were a great many buses.
   { Most of the buses were already full.
   _____

6. (他成了一位世界著名的艺术家，人们认为他是一个天才。)
   { He becomes a world-famous artist.
   { People all regard him as a genius.
   _____

7. (在西方，有一条叫作多瑙河的河流。)
   { In the west, there is a river.
   { The name of the river is the Danube.
   _____

8. (月亮只是地球的卫星，它本身并不会发光。)
   { The moon doesn't give out light itself.
   { The moon is only a satellite of the earth.
   _____

第 14 章
状语从句

本章介绍的是状语从句。**状语从句**是能够当作副词使用的从句,也被称为"副词从句"。如以下句子所示:

- <u>Although Tom worked hard</u>, <u>he failed in the exam</u>.
   　　状语从句　　　　　　　　　主句

我们不难发现,状语从句的构成形式其实很简单,即:**状语从句 = 从属连词 + 简单句**。

既然提到了从属连词,我们不妨先了解一下连词的基本概念。

 连词

连词(conjunctions)是用于连接多个词、短语或句子的一类词。它在词典中被标记为 *conj.*,比如 although 的词性就是连词:

连词共分为两类——**并列连词**和**从属连词**。

并列连词和从属连词

并列连词的概念

并列连词（coordinating conjunctions）的作用是表示多个单词、短语或是句子的并列关系。常见的并列连词共有七个，我们通常将其首字母放在一起记忆，即：FANBOYS。如下所示：

for　　and　　nor　　but　　or　　yet　　so

我们可以使用并列连词来表示多个**单词**的并列，如以下句子中 or 表示 peaches，bananas 和 apples 三种水果的并列：

- Do you like peaches, bananas or apples?
（你喜欢桃子、香蕉还是苹果？）

并列连词也可用于表示多个**短语**的并列，如以下句子中 but 表示 out of shape 和 in good health 的并列：

- He is out of shape but still in good health.
（他的身材走样了，但是仍然很健康。）

并列连词还可用于表示多个**句子**的并列，如 and 前后两个句子的并列：

- Everyone should keep discipline, and you are no exception.
（每个人都必须守规矩，你也不例外。）

从属连词的概念

从属连词（subordinating conjunctions）的作用是用于构成状语从句，即：**从属连词 + 简单句 = 状语从句**。例如：if anything comes up 和 as soon as I saw him 都是状语从句。

常见的从属连词包括：

though　because　if　when　while　before　after　as
in case　as long as　even if　as soon as　as if　so that

不要用逗号代替连词

> **注意** 我们必须用连词来连接单词、短语或句子，而不能用逗号来连接它们。

比如下列句子就是错误的：

- Jess got up, went out.　　　　　　　　　　　　　　　　（×）
- Tom had studied hard, he got through the exam.　　（×）

此时，我们应该在句子中加入合适的并列连词或从属连词，如下所示：

- Jess got up and went out.　　　　　　　　　　　　　　（√）
  （杰斯起床了，然后出去了。）
- Because Tom had studied hard, he got through the exam.　（√）
  （因为汤姆努力学习，所以他通过了考试。）

二 状语从句

状语从句的用法很简单，用八个字来表述就是：**用作状语修饰主句**。

从属连词决定状语从句的属性

我们知道，状语从句只有"从属连词+简单句"这一种构成方式，那是否意味着它的用法也非常单调呢？

当然不是。当我们使用不同类型的从属连词时，它们会为状语从句添加各种非常实用的属性。

**当我们想让状语从句具备"时间"属性时，会使用 when, while, before, after

等从属连词。例如：

- After his dad went for work, Tom started to have breakfast.　　①
  （当他爸爸去上班后，汤姆开始吃早餐。）
  > After 引导的状语从句为主句添加了时间属性，明确了汤姆开始吃早餐的时间是在他爸爸出门上班以后。

- I would smile politely when someone gossiped.　　②
  （当别人聊八卦时，我会礼貌地微笑。）
  > when 引导的状语从句明确地指出了我在何时会礼貌地微笑——当别人聊八卦时。

> **注意** 当状语从句位于主句之前时，通常用逗号","将这个从句与主句隔开，如句①所示；而当状语从句位于主句之后时则不需要添加逗号","，如句②所示。

当我们想让状语从句具备"条件"属性时，则会使用 if，even if，as long as 等从属连词。例如：

- If you see Shelly, give her this backpack.
  （如果你看到雪莉，把这个背包给她。）

- You can't litter onto the ground as long as I live here.
  （只要我住在这里，你就不能往地上扔垃圾。）

  > if 和 as long as 引导的状语从句为主句增加了条件属性，即：当"看到雪莉"这个条件成立时，主句"把背包给她"成立；当"我住在这里"这个条件成立时，主句"你不能往地上扔垃圾"成立。

当我们想让状语从句具备"原因"属性时，则会使用 because，as，since 等从属连词。例如：

- She needs an umbrella because it's raining outside.
  （她需要一把伞，因为外面在下雨。）

- I usually eat at home as I like cooking.
  （我通常在家吃饭，因为我喜欢烹饪。）

  > 她为什么需要一把伞？我为什么通常在家吃饭？because 和 as 引导的状语从句给出了原因："因为外面在下雨"和"因为我喜欢烹饪"。

当我们想让状语从句具备"对比"属性时，则会使用 although，even though，whereas，while 等从属连词。例如：

- Although I'm bad at football, it's fun to play.
  （尽管我不擅长足球，但足球确实很好玩。）

- My husband is allergic to dogs whereas I'm a dog lover.
  （我丈夫对狗过敏，我却是狗狗爱好者。）

✎ 当我们需要表示某种情况与主句内容相反时会使用此类状语从句。在以上例句中，从句"我不擅长足球"与主句"足球确实很好玩"形成对比；从句"我丈夫对狗过敏"与主句"我却是狗狗爱好者"形成对比。

although 和 but 为什么不能连用？

大家在学英语的过程中肯定曾听老师反复强调"尽管……但是……"不能直接译为 although ... but ...，且在一个英语句子中不能同时使用 although 和 but。although 和 but 为什么不能连用呢？我们曾经得到的答案通常是——这是"固定用法"。

事实上，当我们学习了本章的内容之后，就可以从语法的角度来加以解释。例如：

- Although Tom worked hard, but he failed in the exam.　　（×）
  （虽然汤姆努力学习了，但他还是未能通过考试。）

我们不妨先假设以上句子是正确的。此时，句中的 Although 是从属连词，而 but 是并列连词。but 之前的句子是"从属连词 Although 引导的状语从句"，而其后的句子却是简单句，如下图所示：

> Although Tom worked hard, but he failed in the exam.　　（×）
> 　　（状语从句）　　　　　　　（主句）

用作状语的修饰性结构（状语从句）与成分完整的简单句显然无法构成并列关系。因此，以上句子不正确，前面的假设不成立。

此时，我们可以省略 but 而保留 Although，将句子改写为含有状语从句的复杂句：

- <u>Although Tom worked hard</u>, <u>he failed in the exam</u>.　　　　　（√）
  　　状语从句　　　　　　　　主句

或者省略 Although 而保留 but，将其改写为并列句形式：

- <u>He worked hard</u>, but <u>he failed in the exam</u>.　　　　　（√）
  　并列子句①　　　　　并列子句②

练习十四

一、请找出下面句子中的名词性从句、定语从句和状语从句，并写出它们在句中充当的成分。

1. It is obvious that English is being accepted as an international language.

2. Do you know the reason that he is going to marry you?

3. I was so excited that I forgot it was midnight.

4. It was such a hot day that nobody wanted to do anything.

5. They told us that people in Africa need more food now than ever.

6. I am thinking of whether I should quit my job.

7. I can still smile as long as you are on my side.

8. The painting that David donated to the school is being shown in the room.

167

9. I like Greece, but I have no opportunity to go there.
   _____

10. It is the story which we wrote for our storytelling competition.
    _____

11. I went to the station at which I met John.
    _____

12. His mother was worried that he rarely went out with friends.
    _____

二、请判断以下句子是否正确,并说明原因。

Because bamboo is hollow, so it is light.
(因为竹子是空的,所以它很轻。)
_____
_____

第 15 章
并列句

本章将介绍并列句的用法。

我们在上一章介绍过，**并列连词**的作用是表示多个单词、短语或句子的并列关系。而并列连词共有七个，我们通常将其首字母放在一起记忆，即：FANBOYS。如下所示：

for　　and　　nor　　but　　or　　yet　　so

其中，and，but，or 这三个并列连词的使用频率最高。

一　并列句

并列句就是上述并列连词将两个及以上简单句连接后构成的句子。例如：

- She stopped and gazed at his face.
  （她停下来，看着他的脸。）
  ✎ 因为 she gazed at his face 中的 she 被省略了，所以体现出来的是 stopped 和 gazed at his face 的并列。

📝 并列句的基本形式

■ 两个子句的并列

如果用 A 和 B 分别表示一个并列句中的两个子句，则并列句的形式应为：

| A, and B | A, or B | A, but B | A, so B | A, yet B |

两个子句的并列形式如下所示：

- Jonathan grinned, and Carmen glanced at him. ①
  （乔纳森笑了，卡门瞥了他一眼。）

- You can go to Shanghai by air or by train. ②
  （你可以坐火车或者坐飞机去上海。）

- The audience listened but showed no great interest. ③
  （观众听了，却没有表现出太大兴趣。）

- I know you must be tired, so I will let you rest for a while. ④
  （我知道你一定累了，所以我会让你休息一会儿。）

- The car was old, yet it was in excellent condition. ⑤
  （这辆车很旧，不过车况很不错。）

> **注意** 如果并列句中呈现的是句子的并列时，我们需要在并列连词前加逗号"，"，将其与前面的句子隔开，如句①④⑤所示。
>
> 如果并列句中呈现的是句子的一部分、短语或是单词的并列时，则并列连词前不需要加逗号"，"，如句②③所示。
>
> 此原则在表示两个以上的简单句并列时也适用。

三个及以上个子句的并列

如果用 A, B, C 分别表示并列句中的三个子句，则并列句的形式应为：

| A, B, and C | A, B, or C |

三个子句的并列如下所示：

- I don't like bread, rice or porridge.（我不喜欢面包、米饭或粥。）

- The newspaper showed images of fighter jets taking off, firing missiles and destroying a target at sea.
  （报纸上展示了战斗机起飞、发射导弹和摧毁海上目标的图片。）

由于逗号不能用来连接句子,所以大家在写此类并列句时不要遗漏并列连词 and 或 or。如以下句子就是错误的:

- I don't like bread, rice, porridge. (×)

同理,如果用 A,B,C,D 分别表示一个并列句中的四个子句,则该并列句的形式应为:

| A, B, C, and D | A, B, C or D |

以此类推,我们可得到更多子句的并列形式。

并列句的省略

既然并列句是由两个或两个以上简单句组成的,那么为什么会出现句子的一部分、短语或单词为并列结构的并列句呢?

原因是并列句中各个子句之间常常会有内容重复的部分,为确保句子的简洁,我们一般会将靠后子句中的重复部分省略,于是就形成了以上并列结构。例如:

- We desire happiness, and we desire health.
  = We desire happiness and health.
  (我们渴求幸福和健康。)

- Their boats have been rammed, equipment have been broken, and crewmen have been beaten up.
  = Their boats have been rammed, equipment broken and crewmen beaten up.
  (他们的船被撞坏了,装备损坏了,船员也累坏了。)

> **注意** 为了让别人能快速找出句子中的并列结构,我们在省略时应注意保留并列结构起始的痕迹。比如,当并列结构是从句时,我们应该保留从句的引导词,如以下例句中的 that:
>
> - He told me that his parents had passed away and that he had to make a living by himself.
>   (他告诉我他的父母已经去世,此外他必须自己养活自己。)

如果我们不保留 and 后面的 that,就会得到:

- He told me that his parents had passed away and he had to make a living by himself.

可以发现,这句话的结构变得不那么明确了,理解起来难度也就大了。

关联连词的用法

并列连词 and,or,but,nor 等可以分别与另一个词配对,两者共同构成关联连词。

关联连词(correlative conjunctions)表示两个事物或动作间的关联关系。下表为常用的关联连词及它们分别表示的关系:

关联连词名称	表示关系
either...or...	选择
neither...nor...	否定
not only...but also...	递进
both...and...	包含

either...or...的用法

关联连词 either...or...表示"二选一",即我们可以用 either...or...来提出两个选择,让别人在其中选择一个。例如:

- **Either** they **or** you come in.
  (要不他们进来,要不你进来。)

- The picture is **either** an original **or** an excellent copy.
  (这幅画要么是原作,要么是一个完美的复制品。)

neither...nor...的用法

关联连词 neither...nor...表示"同时对两者的否定"。例如:

- Neither I nor she agreed with John.
  (我和她都不赞同约翰的看法。)
  =She and I didn't agree with John.

not only...but also...的用法

关联连词 not only...but also...表示"(情绪上的)递进"。例如:

- I not only talked with him but also got his signature.
  (我不仅和他交谈了,还拿到了他的签名。)
  ✎ 对我来说,talked with him 就是值得高兴的事情,但还有更令人兴奋的事情——got his signature。此时,我们一般使用 not only...but also...来表示这种情绪上的递进。

both...and...的用法

关联连词 both...and...表示"同时包含两者"。例如:

- Both Tom and Mary like English.
  (汤姆和玛丽都喜欢英语。)

- Aaron was suffering both physically and mentally.
  (亚伦的肉体和精神上都在受煎熬。)

二 比较句

比较句是一类特殊的并列句。本章将介绍两类常见的并列句句型,即:"as...as...句型"和"than 句型"。

as...as...句型

"as...as...句型"用于表示两个对象的某项特性相同或不同。例如:

- Jay studies as hard as his brother. ①

（杰伊和他的哥哥学习同样努力。）

"as...as...句型"的分析

要理解此句型，我们必须先了解 as 这个词：

> **as**
> *adv.* 同样地，一样地；例如
> *prep.* 作为，以……的身份；如同
> *conj.* 像，像……一样；由于；同时，当……时；尽管

"as...as...句型" 是由两个 as 组成的，其中第一个 as 的词性是**副词**，意为"同样地"；而第二个 as 的词性是**连词**，意为"像……一样"。

在句①中，第一个 as 修饰副词 hard，意思是"同样地努力"。

- Jay studies as hard. （杰伊学习同样努力。）

显然，以上句子不正确，因为句中并没有任何对象与杰伊做比较。所以，我们用第二个 as 来引出一个与它做比较的对象。

既然句①中的第二个 as 是连词，为什么它后面是名词 his brother 而不是句子呢？实际上，句①是经过省略的，其省略前的形式应为：

- Jay studies as hard as his brother studies/does.

由于比较句是一类特殊的并列句，所以我们可以省略两个句子中重复的部分——即省略 his brother 后面的 studies/does，于是可得到：

- Jay studies as hard as his brother.

> **注意** 如果上下文中已经明确地提出了做比较的对象，第二个 as 则不必出现。例如：
>
> - Tom does his homework till 10:00 pm every day.
>   John studies as hard as Tom.
>   （汤姆每天做作业到晚上十点。约翰学习也同样努力。）

"as...as... 句型" 的省略

与并列句类似,比较句中两个子句的重复内容可以被省略。在以下示例中,我们用方括号"[ ]"表示可以被省略的内容。

- His room is as clean as [his room] could be.
（他的房间如它本应该的那样干净。）
- My mind isn't as sharp in the afternoon as [my mind is] in the morning.
（我下午的思维不像在早晨那么敏锐。）

实际上,as ever, as possible 等短语也是并列句省略后的产物,如下所示:

- The content of the magazine is as interesting as [the content of the magazine has] ever [been]. （这份杂志的内容一贯有趣。）

than 句型

"than 句型"一般用于表示两个对象某种特性的大小或多少。例如：

- Tom is a head taller than the others. ①
（汤姆比其他人高出一个头。）

其中,taller 为形容词 tall 的**比较级**,意为"更高的"。

比较级和最高级

形容词和副词均有比较级和最高级形式。

比较级（comparative）表示**一个对象与另一个对象相比较**的结果。构成比较级的方法为：对于**单音节词**,通常在该词之后加"-er",如：faster, shorter, harder, later 等。而对于**多音节词**,通常在该词之前加 more,如：more interesting, more beautifully 等。例如：

- He swims faster than I. （他游得比我快。）
- This story is more interesting than that one. （这个故事比那个故事更有趣。）

最高级（superlative）表示**一个对象与其他所有对象相比较**的结果。构成最高级的方法为：对于**单音节词**,在该词之后加"-est",如：fastest, shortest, hardest, latest 等。而对于**多音节词**，在该词之前加 most，如：most interesting, most beautifully 等。例如：

- He swims fastest among us. （他是我们当中游得最快的。）
- This is the most interesting book I have ever read.
（这是我读过的最有趣的书。）

以上是构成比较级和最高级的一般规律，但少数形容词及副词比较级和最高级的构成形式例外，如下表所示：

	比较级	最高级
good/well	better	best
bad	worse	worst
many/much	more	most
little	less	least
far	farther/further	farthest/further

"than 句型"的分析

要理解"than 句型"，我们必须先了解 than 这个词：

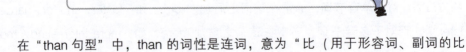

than

conj. 比（用于形容词、副词的比较级之后）；除……外（用于 other 等之后）；与其……（用于 rather 等之后）；一……就……（用于 no sooner 等之后）
prep. 比；超过

在"than 句型"中，than 的词性是连词，意为"比（用于形容词、副词的比较级之后）"。如果我们将句①中的 than 及其后面的内容省略，可以得到：

- Tom is a head taller. （汤姆高出一个头。）

显然，以上句子不正确，因为句中并没有与汤姆做比较的对象。
当使用比较级句型时，我们通常需要用 than 来引出与其做比较的对象。例如：

- Tom is a head taller than the others are.

将 than 后面句子中重复的 be 动词省略后，就得到了：

- Tom is a head taller than the others.

与"as...as...句型"类似，如果上下文中已经构成了比较关系，连词 than 则不必出现。例如：

- John stands 1.8 meters tall. Tom is a head taller than John.
  （约翰身高1米8，而汤姆还要高出一个头。）

- Compared to John, Tom is a head taller.
  （与约翰相比，汤姆要高出一个头。）

"than 句型"的省略

与"as...as...句型"类似，如果连词 than 前后两句话中有重复的部分，则可以将 than 后面重复的部分省略。在以下示例中，我们同样用方括号"[ ]"表示可以省略的内容。例如：

- He looks much younger than [he looks] on the screen.
  （他看起来比在银幕上更年轻。）

- We have to be faster than [we have] ever [been].
  （我们必须比以往任何时候都要快。）

> **注意** 无论是"as...as...句型"还是"than 句型"，省略的前提是**不会使句子产生歧义**。举一个例子：
>
> - I like milk more than cats.
>
> 这个句子就有歧义，因为我们无法判断该句是想表达"我比猫更喜欢牛奶"还是"在牛奶和猫当中，我更喜欢牛奶"。此时，我们需要将过度省略的内容补充上，以明确句子表达的含义。如下所示：
>
> - I like milk more than cats like milk.
>   （我比猫更喜欢牛奶。）
>
> - I like milk more than I like cats.
>   （在牛奶和猫当中，我更喜欢牛奶。）

练习十五

一、请写出三个句子，要求如下：

1. 用 but 表示两个子句的并列；
   _____
   _____

2. 用 and 表示三个子句的并列；
   _____
   _____
   _____

3. 用 or 表示四个子句的并列。
   _____
   _____
   _____
   _____

二、请使用"as…as…句型"写两个句子，要求这两个句子中的第一个 as 分别修饰形容词和副词。

_____
_____

第 16 章
动 名 词

从本章开始,我们将一起学习三类非谓语动词(non-finite verbs)——动名词、动词不定式和分词。

如果我们用 do 表示动词原形,动名词(gerunds)的形式为"do + ing",如以下例句中的 smoking:

- **Smoking** is detrimental to your health.
  (抽烟对你的健康有害。)

动词不定式(infinitives)的形式为"to + do",如以下例句中的 To get:

- **To get** there is rather difficult.
  (到达那里相当困难。)

分词(participles)的形式为"do + ing"或"done",如以下例句中的 interesting:

- This is an **interesting** book to me.
  (对我来说,这是一本有趣的书。)

在三类非谓语动词中,动名词的用法最简单。因此,我们将从动名词入手,使大家对非谓语动词有初步的了解。

使用动名词的场景

举一个例子,动词 swim 表示"游泳"。例如:

- He swims well.（他游泳游得好。）

如果我想说"游泳是我喜欢的运动之一"，那么该如何用英语来表达呢？

swim 是动词，而此时需要将其用作主语。这时，我们可以将它改写为动名词 swimming，再将其放在主语所处的位置上，于是便得到：

- Swimming is one of my favorite sports.

简言之，当我们需要将一个动词放在名词位置上时，可以将其改写为动名词。

📝 动名词的逻辑主语

实际上，非谓语动词可以被看作"**省略了主语的从句**"。具体是什么意思呢？用下面这个句子来举例：

- Going to bed early is a good habit of mine. ①

  （早睡是我的一个好习惯。）

以上句子中的 Going 是动名词，而 to bed early 是修饰动词 Go 的结构，两者共同构成了句①的主语 Going to bed early，语义是"早睡"。可以发现，整个主语 Going to bed early 与名词性从句类似，只是**缺少了主语**。当我们补上主语后，动名词就变成了名词性从句。如下所示：

- That I go to bed early is a good habit of mine.

这也就是为什么我们说非谓语动词是"省略了主语的从句"。我们将被省略的动名词主语称为**逻辑主语**。显然，句①中动名词 Going to bed early 的逻辑主语为 I。

📝 动名词的用法

如前文所述，动名词是省略了主语的名词性从句。因此，如果你对名词性从句的用法已经比较熟悉，那么你很快就能掌握动名词的用法。

我们在前文中讨论过，动名词与四大词性的关系为："**动名词只能当作名词使用，不能当作形容词、副词和动词使用**"。即：

180

第16章 动名词

	名词	形容词	副词	动词
动名词是否可以用作此词类	√	×	×	×

根据"第2章 主谓宾定状补表"中的对照表可知，动名词可以在句子中用作主语、宾语（包括介宾）、表语、补语等成分。

```
名词 ➡ 主语、宾语、表语、补语
形容词 ➡ 定语、表语、补语
副词 ➡ 状语
动词 ➡ 谓语
```

动名词和名词性从句的比较

动名词的用法与名词性从句的用法是相通的。动名词和名词性从句都可以放在名词所处的五个位置上，即动名词可在句中充当以下成分：主语（S）、宾语（O）、表语（P）、补语（C）、介宾（Op）。如下表所示：

	名词性从句	动名词
主语（S）	Who will win the match is unknown.	Talking with him is a great pleasure.
宾语（O）	Tom said that he expected to go abroad.	My father likes swimming in the sea.
表语（P）	The problem is what we should do next.	His job is cleaning, washing and taking care of kids.
补语（C）	The teacher made John who he wanted to be.	He described his job painting on walls.
介宾（Op）	Your future depends on how hard you work.	She quickly gets used to starting conversations with people.

一看就懂的英语语法书

1. 动名词用作主语

动名词 Talking with him 和 Sitting here with you 在下面的示例中用作主语：

- Talking with him is a great pleasure.（与他交谈是很开心的一件事。）
- Sitting here with you is so nice.（和你坐在一起的感觉真好。）

和名词性从句一样，**如果用作主语的动名词较长，则可以使用形式主语 it 来替代主语并将原来的主语置于句尾**，因此，上面两句话可改写为：

- It is a great pleasure talking with him.
- It is so nice sitting here with you.

2. 动名词用作宾语

动名词 swimming in the sea 和 explaining to them 在下面的示例中用作宾语：

- My father likes swimming in the sea.（我父亲喜欢在大海里游泳。）
- I found explaining to them useless.（我发现向他们解释没有用。）

同样，**在 S + V + O + C 句型中，如果位于宾语的动名词较长，则可以使用形式宾语 it 来替代宾语并将原来的宾语置于句尾**，因此，第二个例句可改写为：

- I found it useless explaining to them.

3. 动名词用作表语

以下是两个动名词用作表语的例子：

- His job is cleaning, washing and taking care of kids.
  （他的工作是扫地、洗衣服和照顾孩子。）
- Our goal is selling 100 computers to students.
  （我们的目标是卖 100 台电脑给学生们。）

动名词用作表语时表示主语的具体内容，如示例中 His job 的具体内容是 cleaning, washing and taking care of kids，而 Our goal 的具体内容是 selling 100 computers to students。

第 16 章 动名词

4. 动名词用作补语

以下是两个动名词用作补语的例子：

- He described his job painting on walls.
  （他将他的工作描述为"在墙上画画"。）

- They named the activity skiing on the mud.
  （他们称这种活动为"泥上滑雪"。）

以上示例中的 painting on walls 和 skiing on the mud 用作补语，分别表示对宾语 his job 和 the activity 的补充说明。

5. 动名词用作介宾

以下是两个动名词用作介宾的例子：

- He quickly gets used to starting conversations with people.
  （他很快就习惯了与别人主动搭话。）

- We are looking forward to supplying you with our products.
  （我们期待着向您供应我们的产品。）

如何改变动名词的逻辑主语

我们通过"**所有格**（possessive）"来改变一个动名词的逻辑主语，也就是说，我们可以对动作的执行者进行调整。

"所有格"的概念

"所有格"表示某个东西归谁所有。例如：

- my cousin　　their stories　　Jack's cap
  （我的外甥）　（他们的故事）　（杰克的帽子）

  ✎ 以上示例中的物主代词 my, their 以及 Jack's 表示"所有格"，它们分别表示 cousin, stories 和 cap 在关系上归属于谁。

动名词与"所有格"

同样,我们可以用"所有格"来确定动名词所表示的动作归谁所有,也就是确定**动名词所表示动作的执行者**是谁。举一个例子:

- Being late will make the teacher rather upset.　①
  (迟到会使老师非常失望。)

可以看到,句①中的动名词 Being late 没有特定的逻辑主语,也就是"任何一个人迟到都会使老师非常失望"。此时,我们可将它的逻辑主语看作不定代词 one。将动名词改写为名词性从句可得:

- That one is late will make the teacher rather upset.

那么,如果想表达"**我的**迟到会使老师非常失望",该如何对句子进行改写呢?此时就需要用到**所有格**——我们利用所有格改变动名词所表示动作的实施主体,并使原来的逻辑主语失效。如下所示:

- My being late will make the teacher rather upset.　②
  (我迟到会使老师非常失望。)

如果将句②中的动名词改写为名词性从句,则可以得到:

- That I am late will make the teacher rather upset.

可以看出,我们通过对动名词 being late 添加所有格 My,使该动名词的逻辑主语由 one 变成了 I。

再举一个例子:

- I am worried about staying up so late every day.
  (我非常担忧我每天睡得很晚这件事。)

不难看出,以上句子中动名词 staying up so late every day 的逻辑主语为 I。如果想表达"我非常担忧**我女儿**每天睡得很晚这件事",又该如何改写呢?此时,我们会用所有格 my daughter's 来修饰句中的动名词,即:

- I am worried about my daughter's staying up so late every day.　③
  (我非常担忧我女儿每天睡得很晚这件事。)

将句③中的动名词改写为名词性从句，则得到：

- I am worried that my daughter stays up so late every day.

可以看到，我们通过对动名词 staying up so late every day 添加所有格 my daughter's，使该动名词的逻辑主语由 I 变成了 my daughter。

练习十六

一、请按要求改写下列句子：

1. No one can avoid being influenced by advertisements.
   （没有人能够避免被广告所影响。）
   将以上句子改写为"没有人能够避免她被广告所影响"。
   _____

2. I'm sorry for not having kept the promise.
   （我很抱歉没有遵守诺言。）
   将以上句子改写为"我很抱歉他们没有遵守诺言"。
   _____

3. Coming to the meeting is important for us.
   （来参加会议对我们很重要。）
   将以上句子改写为"约翰来参加会议对我们很重要"。
   _____

二、请按照要求分别写出三个句子：

1. 动名词用作主语；
   _____

2. 动名词用作宾语；
   _____

3. 动名词用作介宾。
   _____

第 17 章
动词不定式

上一章介绍了动名词的用法，本章将重点介绍非谓语动词中用法最复杂、应用场景最丰富的**动词不定式**。

动词不定式（infinitives）的形式是"to + do"，其中 do 代表动词原形。如以下句子中的 to leave 就是动词不定式。

- He agreed to leave.（他同意离开。） ①
  🖉 to 后面接动词原形表示动词不定式。

试比较：

- I'm on the way to Paris.（我在去往巴黎的路上。）
  🖉 在以上句子中，to 后面接的是名词 Paris，to Paris 是介词短语，并非动词不定式。

📝 动词不定式的逻辑主语

和动名词一样，动词不定式也可以被看作"**省略了主语的从句**"。举一个例子：

- I am glad to meet you.（见到你很高兴。）

从形式上看，动词不定式 to meet you 类似一个句子。只不过与名词性从句相比，动词不定式有谓语 meet 和宾语 you，但**缺少主语**。

动词不定式和从句有时可以相互转化。比如我们可以将上述例句中的动词不定式改写为名词性从句。如下所示：

- I am glad that I could meet you.

由以上句子可知，例句中动词不定式 to meet you 的逻辑主语应为 I。

将动词不定式改写为从句时，需特别注意两个要点：

一是需要补上动词不定式的逻辑主语；

二是由于动词不定式通常表示发生在将来的动作，所以改写时需要在谓语前加入 will（be to）、would、can、could、should 等能够表示将来的助动词。

逻辑主语是动词不定式的一个非常重要的概念，因为**要确定一个动词不定式在句中充当的成分，首先需要弄清楚它的逻辑主语**。在大多数情况下，我们能够在句子中轻松找到逻辑主语的线索。

例 1　John needs a pen to write with.
（约翰需要一支能用来写字的钢笔。）

这个句子实际上等同于：John needs a pen that he can write with.

因此，to write with 的逻辑主语为 he（John）。

例 2　He asked his daughter to assist him.
（他让女儿去协助他。）

因为主句中有代词 He 和名词 his daughter，我们可以尝试将其分别置于动词不定式之前，得到：

- He was to assist him.（他去协助他。）
- His daughter was to assist him.（他女儿去协助他。）

显然，第二个句子与原句的意思更接近，由此可以判定动词不定式 to assist him 的逻辑主语为 his daughter。

例 3　To know you is my pleasure.
（认识你非常高兴。）

由所有格 my 可知动词不定式 to know you 的逻辑主语是 I。如果将该动词不定式改写为名词性从句，则可以得到：

- That I could know you is my pleasure.

例 4　To carry out the project immediately is impossible.
（立刻开展这个项目是不太可能的。）

由于主句中没有特别的提示词,可以认为动词不定式 to carry out the project immediately 的主语是不确定的。此时,我们可以将其逻辑主语看作不定代词 one(单数)或 ones(复数),则该动词不定式等同于以下名词性从句:

- That ones are to carry out the project immediately is impossible.

📝 动词不定式的用法

先看看动词不定式与四大词性的关系,如下表所示:

	名词	形容词	副词	动词
动词不定式是否可以用作此词类	√	√	√	×

即**动词不定式可以当作名词、形容词或副词使用,但不能当作动词使用**。

再由下面的对照表可知,动词不定式可以用作主语、宾语、定语、状语、表语和补语。

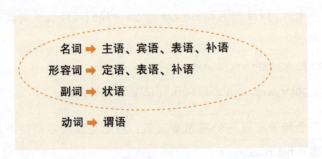

也就是说,**动词不定式除了不能用作谓语外,能够充当英语句子中的任何一类成分**。因为动词不定式的用法繁多且较难理解,所以它的用法是英语学习中的一个难点。

我们将利用"动词不定式是被省略了主语的从句"这一特性,并通过分别**将动词不定式与名词性从句、定语从句和状语从句这三类从句做比较来学习它的用法**,目的是使大家将动词不定式的用法与之前所学的内容有效地联系起来,从而真正掌握动词不定式的用法。

一 动词不定式与名词性从句

动词不定式与名词性从句都是名词性结构，所以两者的用法是相通的。如下表所示：

	名词性从句	动词不定式
主语（S）	Who will win the match is unknown.	To play the violin is quite hard.
宾语（O）	Tom said that he expected to go abroad.	Everybody likes to join in this activity.
表语（P）	The problem is what we should do next.	Their plan is to buy some food for the poor.
补语（C）	The teacher made John who he wanted to be.	I asked him to go with me.
介宾（Op）	Your future depends on how hard you work.	不能用作介宾

两者在用法上只有一个小小的区别。名词性从句可以被放在名词在句中所处的五个位置上，即名词性从句可用作主语（S）、宾语（O）、表语（P）、补语（C）、介宾（Op）；而动词不定式只能被放在除介宾（Op）之外的其余四个名词位置上，即**动词不定式可以用作主语（S）、宾语（O）、表语（P）、补语（C）**。

动词不定式用作主语

以下是两个动词不定式用作主语的例子：

- To take a walk after dinner makes me fit.
  （饭后散步使我健康。）

- To carry out the project immediately is impossible.
  （立即实施这项工程是不可能的。）

与名词性从句的情况一样，如果用作主语的动词不定式较长，为了保持句子的平衡，我们通常会将形式主语 it 放在主语位置上，并将句子原来的主语移至句尾。例如：

- It makes me fit to take a walk after dinner.
- It is impossible to carry out the project immediately.

动词不定式用作宾语

以下是两个动词不定式用作宾语的例子：

- I have decided to spend holidays myself.
  （我已经决定自己去度假。）
- Innovation makes to help more children in learning English possible.
  （创新使帮助更多孩子学习英语变得有可能。）

如果 S + V + O + C 句型中用作宾语的动词不定式较长，那么我们可以将形式宾语 it 放在宾语的位置上，并将句子原来的宾语置于句尾。例如：

- Innovation makes it possible to help more children in learning English.

动词不定式用作表语

当动词不定式用作表语时，可以有两类截然不同的用法。

第一类用法：动词不定式表示主语的具体内容

例如：

- Our plan is to change the desert into farmland.
  （我们的计划是将沙漠变成农田。）

  ✎ 句中动词不定式 to change the desert into farmland 表示主语 Our plan 所包括的具体内容。此类动词不定式一般可以被改写为名词性从句，即：Our plan is that we will change the desert into farmland.

此用法的其他示例：

- His solution was to create another workshop.
  (他的解决方案是建立另外一个工作室。)

- What surprised me most was to see some of the villagers have nothing to eat.
  (最让我们惊奇的是看到很多村民没有东西可吃。)

第二类用法：动词不定式表示计划做的事情

我们来看一个例句：

- We are to live together.（我们将生活在一起。）
  📎 在这类用法中，"be 动词 +to" 基本等同于助动词 will，因此以上句子等同于：We will live together. 此类动词不定式无法被改写为从句形式。

此用法的其他示例：

- Some of them were to learn dancing.
  （他们中的一些人要去学跳舞。）

- The water conservancy project is to be carried out in days.
  （蓄水工程将在几天内开始实施。）

动词不定式用作补语

当动词不定式的逻辑主语是宾语或介宾时，该动词不定式用作补语。例如：

- We assumed him to be the best writer of our time.
  （我们认为他是我们这个时代最好的作家。）
  📎 句中动词不定式 to be the best writer of our time 用作宾语 him 的补语。

- It is impossible for us to solve the problem.
  （我们不可能解决这个问题。）
  📎 句中动词不定式 to solve the problem 用作介宾 us 的补语。

forget doing/forget to do

因为动名词和动词不定式都能跟在及物动词后作宾语，不少人会产生一个疑问：到底什么时候该用 doing，而什么时候又该用 to do 呢？

一看就懂的英语语法书

这个问题实际上不容易回答。当我们面对不同的及物动词时，给出的答案可能会有很大的区别。

我们以 forget doing 和 forget to do 为例：

- I forget watching this movie.（我忘记看过这部电影了。）
  ✎ forget doing 表示"忘记做过某事"，即：这件事我已经做过了，只是我忘记了。

- I forgot to tell him the news.（我忘记把这则消息告诉他了。）
  ✎ forget to do 表示"忘记去做某事"，即：这件事我需要去做，但我忘记做了。

> **注意** 我们通常用 forget to do 来提醒别人，表示"这件事是你需要做的，千万别忘记了"。例如：
> - Don't forget to turn off the lights.（别忘了关灯。）

与 forget 用法相似的动词还有 remember 和 regret。例如：

{ I remember posting the letter.（已经做过的事情）
（我记得把信寄出去了。）
Please remember to shut the gate.（需要去做的事情）
（请记得要关门。）}

{ I regret being so rude to you.（已经做过的事情）
（我很后悔对你那么粗鲁。）
I regret to say it's not possible.（需要去做的事情）
（我很遗憾地告诉你这不可能。）}

而 like, love, hate, prefer, start, continue 等动词，其后无论是加 doing 还是加 to do，语义几乎没有区别。例如：

- He started to do his homework.
  =He started doing his homework.（他开始做家庭作业。）

- I like to play basketball.
  =I like playing basketball.（我喜欢打篮球。）

有些动词后只能接动名词作为宾语，比如 enjoy, avoid, dislike, finish 等。例如：

- He dislikes waiting for anything.（他讨厌等待。）
- We should avoid making mistakes.（我们应避免犯错。）

有些动词后只能接动词不定式作为宾语，比如 plan, want, decide, hope, would like 等。例如：

- I have planned to make a trip to Europe.（我计划去欧洲旅游。）
- Tina decided to become a doctor.（蒂娜决定成为一名医生。）

综上所述，"一个动词后到底该用 doing 还是 to do？"这个问题并没有一个简单的答案。我们只有在学习英语的过程中不断积累，才能做出正确的选择。

如何改变动词不定式的逻辑主语

在上一章中，我们学习了如何用"所有格"改变动名词的逻辑主语。动词不定式的逻辑主语同样可以改变，不过此时我们借助的不是"所有格"，而是**"for + 名词/代词"结构**。例如：

- It is time to go to bed.（到睡觉的时间了。）

由于在上述例句中找不到逻辑主语的线索，所以我们说动词不定式 to go to bed 的逻辑主语为不定代词 one 或 ones。

如果想让句子表示"到约翰睡觉的时间了"，也就是要将动词不定式 to go to bed 的逻辑主语改为 John，那么我们该如何改写呢？

此时需要用到"for + 名词/代词"结构。我们将 John 填入该结构中，并将其放置于动词不定式 to go to bed 之前，可得到：

- It is time for John to go to bed.
  （是约翰睡觉的时间了。）

将以上句子中画线部分改写为名词性从句可得：

- It is time that John should go to bed.

可以发现，当添加介词短语 for John 以后，动词不定式就变成了介宾 John 的补语，它的逻辑主语也变成了 John。

此用法的其他示例：

I consider it necessary to go with him.
（我认为和他一起去是有必要的。）

I consider it necessary for you to go with him.
（我认为你和他一起去是有必要的。）

"what to do" 到底是什么用法

我们学习英语时经常会遇到 what to do 和 how to do it 之类的结构。这类结构究竟是如何得来的呢？举一个例子：

- He knows what to do and how to do it.

  （他知道要去做什么和怎么做。）

  句中的 to do 和 to do it 实际上就是动词不定式。

如果将以上句子中的动词不定式 to do 和 to do it 改写为名词性从句形式，则可得到：

- He knows what he should do and how he should do it.

不难看出，what to do 之类的结构是由名词性从句 what he should do 省略后得来的。由于 what, how 等疑问代词（疑问副词）是有实在词义的，我们改写时并不能将其省略，于是就得到了 what to do 和 how to do it 之类的结构。

此用法的其他示例：

- Where to live depends on yourself. （句型：S + V）

  （去哪里生活取决于你自己。）

  = Where you can live depends on yourself.

- Can you advise me which to buy? （句型：S + V + O + O）

  （你能建议我买哪个吗？）

  = Can you advise me which I should buy?

至此，我们通过将动词不定式与名词性从句做比较，一起学习了动词不定式作主语、宾语、表语和补语时的用法。

二 动词不定式与定语从句

无论是动词不定式还是定语从句，其用作定语时均须位于名词或代词之后。例如：

- the man to go = the man that should go（那个要走的人）

动词不定式用作定语

动词不定式和定语从句的关系是什么呢？

答案是：**用作定语的动词不定式可以看作是"定语从句省略主语"后得来的。**

定语从句的构成

首先简单回顾一下定语从句是如何构成的。例如：

I need a pen.　　　　　　　　①
（我需要一支钢笔。）
I can write with a pen.　　　　②
（我能用一支钢笔写字。）

由于句①和句②中都有 a pen 这个对象，我们可以将任意一句改写为定语从句，并将两个句子组合成一个复杂句。

比如我们将句②中的 a pen 替换为 that，并将其改写为定语从句，则得到：

- that I can write with

再用这个定语从句修饰句①中的 a pen，就得到了一个包括定语从句的复杂句。如下所示：

- I need a pen that I can write with.　　③
  （我需要一支能用来写字的钢笔。）

动词不定式与定语从句的对应关系

我们用前文介绍的方法可以将句③中的定语从句改写为动词不定式,即省略定语从句中的助动词 can,并将主语 I 替换为 to,于是得到:

- I need a pen to write with. (我需要一支能用来写字的钢笔。)

显然,句中动词不定式 to write with 的逻辑主语为 I。

> **注意** 句③中定语从句 that I can write with 的引导词 that 替换的是介宾 a pen。

那么,如果定语从句的引导词 that 替换的是主语或宾语,我们是否还能将这个定语从句改写为动词不定式呢?

答案是:可以。如下表所示:

	定语从句形式	动词不定式形式
当 that 替换主语(S)时	My mother is the first one that will get up.	My mother is the first one to get up.
当 that 替换宾语(O)时	She has a great many things that she should do.	She has a great many things to do.
当 that 替换介宾(Op)时	I have someone that I can think about.	I have someone to think about.

也就是说,定语从句和动词不定式在很多时候是可以相互转换的。**从用法上来看,定语从句能怎么用,动词不定式也就能怎么用。**

讲到这里,请大家尝试解释一下为什么以下两个句子的意思相同,即均表示"这应该是首先要做的事情"。

- It must be the first thing to do.
- It must be the first thing to be done.

其实,只要将两句话中的动词不定式改写为定语从句,原因就显而易见了。

- It must be the first thing that one should do.
- It must be the first thing that should be done.

如上所示，由于 the first thing 在一个定语从句中用作主语，而在另外一个定语从句中用作宾语，于是形成了两种不同的动词不定式形式。

动词不定式用作定语时的一种特殊用法

在"第 13 章 定语从句"中，我们学习了引导词 that 的一种特殊用法，即 that 引导的从句可以跟在名词之后表示这个名词的具体内容。例如：

- We made the decision that we would go after our dream.
  （我们做出了将会追寻我们的梦想的决定。）
    句中 the decision 的具体内容为 we would go after our dream。

我们同样能将此类定语从句改写为动词不定式。如下所示：

- We made the decision to go after our dream.

因此，动词不定式也可以直接跟在名词后用作定语，表示这个名词的具体内容。此用法的更多示例如下：

- the best way to prevent disease （避免疾病的最佳方法）
- the day to submit homework （交作业的日期）

三 动词不定式与状语从句

下表呈现的是状语从句与动词不定式在用法上的区别：

	状语从句	动词不定式
修饰句子	Though I am alone, I am not lonely.	To make him happy, I gave my boy a laptop as a gift.
修饰形容词	不能修饰形容词	I am glad to meet you.
修饰动词	不能修饰动词	We stopped to take a break.

由上表可知，动词不定式能够修饰动词、形容词和句子，而状语从句只能修饰句子。

动词不定式用作状语

动词不定式作状语时，通常表示"原因"和"目的"。当它用作状语修饰句子、形容词或动词时，其逻辑主语需与主句主语相同。

在"第 6 章 副词和状语"中，我们一起讨论过动词不定式用作状语时在句中所处的位置：

修饰句子时应位于"句首"；

修饰形容词时应位于"句中（被修饰词之后）"；

修饰动词时应位于"句中（被修饰词之后）"或"句末"。

动词不定式修饰句子

动词不定式修饰句子时应位于"句首"。例如：

- To make me happy, you have to come early tomorrow.
  （要让我开心，你明天得早点过来。）

- To get there in time, they started early.
  （为了及时到达那里，他们很早就出发了。）
  ✎ 在以上示例中，动词不定式 To make me happy 和 To get there in time 表示主句动作的"目的"。

动词不定式修饰形容词

动词不定式修饰形容词时应位于"句中（被修饰词之后）"。例如：

- They are glad to meet you. （他们很高兴见到你。）

- I am proud to be part of this activity. （我很高兴成为此次活动中的一员。）
  ✎ 在以上示例中，动词不定式 to meet you 和 to be part of this activity 表示主句动作产生的"原因"。

动词不定式修饰动词

动词不定式修饰动词时应位于"句中(被修饰词之后)"或"句末"。例如:

- He came to say goodbye. (他来这里说"再见"。)
- I often get up early to make breakfast for my kids.
  (我常常早起为孩子们做早餐。)
  > 在以上示例中,动词不定式 to say goodbye 和 to make breakfast for my kids 表示主句动作产生的"原因"。

两个相似句型的辨析

请大家观察以下两个句子:

- Everybody is excited to start the new season. ①
  (新赛季开始了,每个人都非常兴奋。)

- The new manager is easy to get along with. ②
  (新来的经理很容易相处。)

以上两个句子中的动词不定式都跟在形容词之后,那么这两个动词不定式是否都用作状语修饰形容词呢?

我们不妨假设句①和句②中的动词不定式都用作状语。由于省略状语并不会影响句子的意思,删除动词不定式后可得:

- Everybody is excited. (每个人都非常兴奋。) (√)
  > 以上句子的意思与句①相比基本无变化,可以判断此句中的动词不定式为状语。

- The new manager is easy. (新来的经理很容易。) (×)
  > 以上句子则存在明显的问题,因为我们可以说"考试很容易、作业很容易",却不能说"一个人很容易"。原因就在于句②中的动词不定式是主语,它其实是以下句子的变形:It is easy to get along with the new manager. 这是形式主语 it 在动词不定式中的一类改写方式。

再如:

- It is impossible to open the can with my two hands.
  (用我的双手打开这个罐头是不可能的。)

可以看到，形式主语 it 没有实际意义，但却占据了一句话中最重要的部分——it 在句中充当主语（S）。

此时，我们可以选择将动词不定式 to open the can with my two hands（真正的主语）中的宾语或介宾放在主语位置上，以达到强调的目的，于是就会得到以下句子：

- **The can** is impossible to open with my two hands.

练习十七

一、找出以下句子中的动词不定式，并写出每个动词不定式在句中充当的成分。

1. He seems to have caught a cold.
___

2. It is pleasant to work with you.
___

3. The cost of treatment is too high for most people to pay.
___

4. We used branches and leaves to form a shelter.
___

5. He was not allowed to enter the classroom.
___

6. I am eager to see him and tell him the truth.
___

7. It is safe to swim in the lake.
___

8. They learned to put together all the building blocks.
___

9. The Construction Bank of China became the first Chinese bank to open a branch in Switzerland.
___

10. The actor appealed to everyone to help each other.

11. Tom taught us how to take 15 minutes to enjoy our lunch.

12. We want to build our teachers' capacity to teach in both languages.

13. American business leaders are urging South Korean leaders to increase market access to U.S. companies seeking to sell goods in South Korea.

二、请按照以下要求写句子

1. 写出四个动词不定式用作名词性结构的句子，动词不定式应分别用作主语、宾语、表语和补语。

2. 写出四个动词不定式用作定语的句子，并将这两个句子改写为从句形式。

3. 写出三个动词不定式用作状语的句子，动词不定式应分别用作状语修饰动词、形容词及整个句子。

第 18 章
分　词

本章介绍分词的用法。分词（participles）共分为两类——**现在分词**和**过去分词**。

现在分词（present participle）的形式是 **"do +ing"**，其中 do 代表动词原形。例如：

- Have they found the missing dog?
  （他们找到那只失踪的小狗了吗？）
  > 句中的 missing 是现在分词，它作为形容词修饰其后的名词 dog，表达的是 "失踪的小狗" 之意。

过去分词（past participle）的形式是 **"done"**。例如：

- They removed those burned trees.
  （他们将那些烧焦的树移走了。）
  > 句中的过去分词 burned 作为形容词修饰名词 trees，表达的是 "被烧焦的树" 之意。

大多数动词的分词形式是规则的。也就是说，在此类动词后直接加 "ing" 或 "ed" 就可分别得到它们的现在分词和过去分词形式。例如：

动词原形	→	现在分词	→	过去分词
look		looking		looked
work		working		worked
develop		developing		developed

但也有少数动词的分词形式是不规则的。例如：

动词原形	→	现在分词	→	过去分词
swim		swimming		swum
run		running		run
make		making		made

> **注意** 当不确定一个分词的具体形式时，我们可以通过在词典中查询动词原形的方式来加以确认。

分词相关知识点的回顾

在前面的章节中，我们已经学过了分词的几种用法。

大家还记得时态中的现在进行时吗？比如以下句子中的 running 就是现在分词。

- The car is running.（那辆汽车正在行驶。）

分词可以作为形容词来使用，所以我们可以用 running 来修饰名词：

- The running car burst into flames.（那辆正在行驶的汽车突然着火了。）
  句中的 running car 表示"正在行驶的汽车"。

可以看到，**现在分词作为形容词修饰名词时，体现的也是进行式的特性，即表示"正在发生某个动作的（事物）"**。

此外，我们在学习时态中的现在完成时和语态中的被动语态时提及过过去分词。例如：

- I have finished my homework.（我已经完成了我的作业。）
- The glass was broken by a boy.（那个玻璃杯被一个男孩打破了。）
  以上两个示例中的 finished 和 broken 就是过去分词。

同样，我们可以用这两个过去分词来作定语修饰名词。例如：

- He handed in his finished paper.（他上交了他已完成的试卷。）
- A piece of broken glass cut my foot.（一片碎玻璃划破了我的脚。）

可以看到，过去分词作为形容词修饰名词时，体现的也是现在完成式和被动语态的特性，即表示"某个动作已完成的（事物）"，如以上句子中的 finished，或表示"承受了某个动作的（事物）"，如以上句子中的broken。

除了以上三类用法外，我们也经常遇到另一类成对出现的分词，比如bored和boring。那么，这两者之间到底有什么区别呢？

如何选择"-ing"或"-ed"形式的分词

在英语中，有些动词分别加"-ing"或"-ed"后会形成两类意思相近的分词。例如：

- excite：exciting/excited
- annoy：annoying/annoyed
- bore：boring/bored
- confuse：confusing/confused

使用上述现在分词和过去分词时，大家很容易将两者混淆。这里不妨先做一个小测试，请大家判断下面四句话应该选择括号内的哪一个分词：

① It makes me feel（exciting/excited）.
② Working hard all day is（tiring/tired）.
③ Sarah looked（confusing/confused）.
④ I had an（annoying/annoyed）day.

大家只要记住下面这个简单的原则，就可以轻松做出选择了，即：

- "-ed" = a person's feeling
- "-ing" = something gives a person this feeling

简言之，以"-ed"为后缀的分词描述的是"一个人的感受"，而以"-ing"为后缀的分词描述的是"给人这种感受的事物"。例如：

- The girl is annoyed. /This is an annoyed girl.
  以"-ed"结尾的分词表示一个人的感受，所以我们用annoyed来描述这个"恼怒的"女孩的感受。

- The clock is annoying. /This is an annoying clock.
  闹钟给人"恼怒"的感受，所以描述闹钟就应该使用annoying。

至此，我们也就不难看出前文中四个句子的答案应该是：

① It makes me feel excited. （它使我很兴奋。）
② Working hard all day is tiring. （工作一整天很辛苦。）
③ Sarah looked confused. （萨拉看起来很困惑。）
④ I had an annoying day. （我度过了让人心烦的一天。）

分词的逻辑主语

由前文可知，当分词作为单个词使用时，它与形容词基本无区别。也就是说，我们可以将它当作一个形容词来使用。

但是，在很多情况下，分词并不仅仅是一个词，而是包括了修饰这个分词的其他结构。例如：

- I broke my leg skiing five years ago. （五年前，我滑雪时摔断了腿。）

其中，five years ago 修饰分词 skiing，并成为该分词的一部分。因此，**分词也可以被看作"省略了主语的从句"**，如以上句子中的 skiing five years ago 从形式上看就是一个被省略了主语的句子。

与动词不定式相似，我们可以在句子中找到分词逻辑主语的线索。比如，我们将主语 I 代入 skiing five years ago 中可以得到：

- I was skiing five years ago.

这句话与原句的意思没有出入，所以我们可以确定现在分词 skiing five years ago 的逻辑主语是 I。

再如：

- You should make your music heard by others.
  （你应该让你的音乐被其他人听到。）

因为是 your music is heard by others，所以过去分词 heard by others 的逻辑主语为 your music。

📝 分词的用法

在讨论分词的用法之前，我们先看看分词与四大词性的关系。如下表所示：

	名词	形容词	副词	动词
分词是否可以用作此词类	×	√	√	×

即：**分词可以当作形容词和副词使用，但不能当作名词和动词使用。**

再由下面的对照表可知，**分词可以用作定语、状语、表语和补语**共四类成分。

在本章中，我们将依据由易到难的顺序来学习分词的用法，具体的顺序为：作表语→作定语→作补语→作状语。

📝 分词用作表语

分词被作为单个词使用时，与一般的形容词无区别。例如：

- The news was disappointing.（这个消息令人失望。）
- The water is boiled.（水烧开了。）

✏️ 以上句子中的现在分词 disappointing 表示"令人失望的"，而过去分词 boiled 表示"烧开的"，从语义和用法上看均与形容词无异。

但是，当分词与 be 动词搭配共同构成一类语法结构时，情况就完全不一样了。比如，现在分词与 be 动词构成的是**进行时态**，如以下句子中的 are flying：

- Many wonderful kites are flying in the blue sky.
  （许多漂亮的风筝飞翔在蓝天中。）

而过去分词与 be 动词搭配构成的是**被动语态**，如以下句子中的 was broken：

- The silence was broken by the roar of vehicles.
  （宁静被车辆的轰鸣声打破了。）

分词用作定语

当分词作为单个词使用时，我们需要将其置于名词之前。例如：

- The actor jumped out of a flying plane.
  （那名演员从一架正在飞行的飞机中跳了出来。）
- There are a great many stuffed toys.
  （这里有很多填充玩具。）

✎ 在以上句子中，现在分词 flying 修饰名词 plane，表示"正在飞行的飞机"；过去分词 stuffed 修饰名词 toys，表示"（被）填充（的）玩具"。

当分词不仅仅包含单个的词时，我们需要将它置于名词或代词之后。例如：

- The girl standing over there is very charming.　　　　　　①
  （站在那儿的那个女孩很迷人。）
  ✎ 现在分词 standing over there 用作定语修饰名词 girl，表示"站在那儿的女孩"。

请对比句①与下面的句②，两者之间有何差异呢？

- The girl who is standing over there is very charming.　　②
  （站在那儿的那个女孩很迷人。）

> 结论是：两个句子的语义完全相同，只是与句①相比，句②多了两个词——who 和 is。

由此不难看出，这是我们之前学过的有关定语从句简化的内容——只要定语从句是 S + V + P 句型，且引导词为 which/who/that 时，我们就可以通过省略引导词和 be 动词来简化从句。因此，分词作定语的原理实际上非常简单，即：**这类分词**

是由定语从句省略后得来的。

再来看一个过去分词用作定语的例子。

- Those injured in the accident have already been sent to the hospital.
  （那些在事故中受伤的人已经被送往医院了。）
  > 过去分词 injured in the accident 修饰代词 Those，表示"那些在事故中受伤的人"。同样，这个句子也是由定语从句简化（省略引导词 that 和 were）而来的：
  > Those that were injured in the accident have already been sent to the hospital.

根据前面所学的知识，大家是否能够理解下面句子中的两个分词 studying in Peking University 和 called Mary 的用法呢？

- His sister, studying in Peking University, is a volunteer.
  （他的妹妹是一名志愿者，她就读于北京大学。）

- The babysitter, called Mary, comes every week.
  （那位保姆每周都过来，她叫玛丽。）

答案：此类分词修饰方式源于非限制性定语从句。如果将分词还原为从句形式，则可以得到：

- His sister, who is studying in Peking University, is a volunteer.
- The babysitter, who is called Mary, comes every week.

之前我们学过，非限制性定语从句中的 which 不仅能指代事物，而且能指代整个主句。例如：

- Tom pretended not to know me, which was making me rather embarrassed.
  （汤姆假装不认识我，使我相当尴尬。）
  > 句中的 which 指代整个主句 Tom pretended not to know me。

按照定语从句的简化规则，我们将从句中的引导词 which 和 was 省略以后，以上句子就变成了由现在分词 making me rather embarrassed 直接修饰主句。如下所示：

- Tom pretended not to know me, making me rather embarrassed.
  > 句中现在分词表示主句动作造成的结果——汤姆假装不认识我的结果是"使我非常尴尬"。

也就是说，**我们可以将一个现在分词放在主句之后，用于表示主句造成的影响或结果**。再举一个相似的例子：

- Trains were held up by a heavy snow, causing many people late for work.
  （火车被一场大雪耽搁了，导致很多人上班迟到了。）
  > 句中用现在分词 causing many people late for work 表示主句动作 Trains were held up by a heavy snow 造成的影响，即："火车被一场大雪耽搁了"这一事件产生的影响是"导致很多人上班迟到了"。

分词用作补语

现在分词一般在 watch，see，feel，hear 等感官动词之后作补语。例如：

- I could feel the wind blowing on my face.
  （我能够感受到风在拍打我的脸。）
- Tom heard you quarreling with others.
  （汤姆听到你在和别人争吵。）
  > 在上面两个示例中，分词 blowing on my face 和 quarreling with others 分别用作宾语 the wind 和 you 的补语，突出这两个动作当时所处的状态。

而过去分词一般在 keep，have，get 等动词之后用作补语。例如：

- Please keep doors and windows locked when you leave.
  （当你离开时，请注意保持门窗关闭。）
- The vicar refused to have the tree cut down.
  （牧师拒绝把那棵树砍掉。）
  > 在上面两个示例中，分词 locked 和 cut down 分别用作宾语 doors and windows 和 the tree 的补语，表示宾语被施加了某个动作（即"被动"关系）。

分词用作状语

分词用作状语时修饰的对象是形容词、动词和句子，作用是为被修饰结构提供"时间""原因"和"条件"等附加信息。其中，最常见的是分词修饰句子的情形，这也是我们讨论的重点。

分词修饰句子

当分词修饰句子时，它的用法和状语从句几乎是一一对应的。如下表所示：

	状语从句	分词
表示"时间"	While she was looking at those pictures, she recalled her parents.	Looking at those pictures, she recalled her parents.
表示"原因"	Because they heard the teacher's voice, the pupils stopped talking at once.	Hearing the teacher's voice, the pupils stopped talking at once.
表示"条件"	If they are given more advice, they will finish the work perfectly.	Given more advice, they will finish the work perfectly.

1 表示"时间"的分词

首先，举一个分词表示"时间"的例子：

- Looking at those pictures, she recalled her parents.　　　①
（看着那些照片，她想起了她的父母。）

分词 Looking at those pictures 在句中用作状语，修饰整个主句，本身表示一个与主句同时发生的动作，即："她看着那些照片"和"她想起了她的父母"这两件事是同时发生的。

请大家比较句①和下面的句②，两者有什么区别呢？

- While she was looking at those pictures, she recalled her parents.　②

> 结论为：两句话的意思是完全相同的，只不过句①比句②少了三个词——while, she, was。

由此不难看出，此类表示"时间"的分词是由状语从句省略后得来的。具体的省略规则为：**省略状语从句中的从属连词、主语和 be 动词后，即可得到修饰句子的分词形式。**

210

除了现在分词以外，过去分词也可以表示"时间"。例如：

- Surrounded by a group of pupils, the principal walked into the auditorium.
（校长被一群学生围着，走进了礼堂。）

分词表示的动作 Surrounded by a group of pupils 和主句动作 walked into the auditorium 是同时发生的。根据之前提到的省略规则可知，这句话中的过去分词由以下句子中状语从句省略后得来：

- As he was surrounded by a group of pupils, the principal walked into the auditorium.

另外，除了表示两个同时发生的动作以外，分词还能够直接表示两个动作发生的先后顺序。

我们先来看一个句子：

- Finding the cause, the doctors were able to treat the disease.
（发现了病因，医生们能够治愈这种疾病了。）

以上句子在逻辑上是有问题的。在正常情况下，医生只有在发现病因之后才能对症下药，从理论上说，Finding the cause 和 the doctors were able to treat the disease 这两个动作是不可能同时发生的。

那么，如何用分词明确表示两个动作的先后顺序呢？方法很简单，我们只需要对分词进行简单的改写就可以了。如下所示：

- Having found the cause, the doctors were able to treat the disease.
（在发现病因后，医生们能够治愈这种疾病了。）

可以看到，具体做法是**将分词中动词的时态改为完成时，用完成时表示这个动作在主句动作之前就已经完成了**，即：found the cause 这一动作发生在前，而主句动作 were able to treat the disease 发生在后。

简言之，当我们想用分词表达一个**在主句动作之前发生的动作时**，我们可以**将分词中动词的时态改写为完成时**。

2 表示"原因"的分词

以下是一个现在分词表示"原因"的例子：

- Hearing the teacher's voice, the pupils stopped talking at once.
  （听到老师的声音，学生们立刻停止了说话。）

以上句子中的分词 Hearing the teacher's voice 表示主句动作的原因，即"因为听到了老师的声音，所以学生们立刻停止了说话"。

根据前面的省略规则可知，这句话中的分词与以下句子中的状语从句基本相同：

- Because they heard the teacher's voice, the pupils stopped talking at once.

再举一个过去分词表示"原因"的例子：

- Blamed for the loss of customers, John was in low spirits.
  （因客户流失而被责怪，约翰的情绪非常低落。）

这句话中的过去分词 Blamed for the loss of customers 表示"原因"，即：约翰情绪低落的原因是"因客户流失而被责怪"。

从属连词 since, because, as 均能表示"原因"，所以将以上句子中的分词改写为状语从句后可得到：

- Since/Because/As he was blamed for the loss of customers, John was in low spirits.

3. 表示"条件"的分词

以下是一个分词表示"条件"的例子：

- Given more advice, they will finish the work perfectly.
  （如果给他们更多的建议，他们会完美地完成这项工作。）

以上句子中的过去分词 Given more advice 表示条件，只要这个条件能满足，主句所表述的情况也就能够成立。即：如果给他们更多的建议，他们能够完美地完成这项工作。

由于从属连词 if 表示"条件"，将这句话中的过去分词改写成状语从句后可得到：

- If they are given more advice, they will finish the work perfectly.

再举一个类似的例子：

- Used properly, technology can be extremely powerful.
（只要被合理使用，技术就能够发挥极大的作用。）

以上句子中的过去分词相当于以下句子中的状语从句：

- As long as it is used properly, technology can be extremely powerful.

> **注意** 只有过去分词能够表示"条件"，而现在分词无此功能。

避免垂悬修饰语的出现

由前文可知，当分词用作状语时，它的逻辑主语必须与主句主语相同。

如果分词的逻辑主语与主句主语不同，此时的分词是**垂悬修饰语**（dangling modifiers）。此类用法是不正确的。例如：

- Opening the window, stars were calling my name.　　　　（×）
  　　垂悬修饰语

（打开窗户，星星在召唤着我。）

如果我们将这个句子中的分词 Opening the window 恢复成状语从句形式，则会得到：

- When stars opened the window, stars were calling my name.　（×）

（当星星打开窗户时，星星在召唤着我。）

星星怎么可能"打开窗户"呢？这显然不合逻辑。分词 Opening the window 的逻辑主语不可能是 stars。

因此，我们应对这个句子做以下调整：

- Opening the window, I heard stars calling my name.　　　（√）

（打开窗户，我听到星星在召唤着我。）

调整以后，Opening the window 的逻辑主语变成了 I，表示"我打开了窗户"。这样就合乎逻辑了，调整后的句子就是正确的。

这就会引发一个联想：既然分词的逻辑主语与主句主语不相同就构成了垂悬修饰语，那么动词不定式有可能变成垂悬修饰语吗？

答案是肯定的。我们来看看下面的例子：

- **To play tennis well,** a good racket is needed. （×）
  （想打好网球，就需要一个好球拍。）

球拍不会自己打网球，动词不定式 To play tennis well 的逻辑主语显然也不可能是 a racket，因此这个动词不定式就是垂悬修饰语。

我们可对以上句子做如下调整：

- To play tennis well, I need a good racket. （√）
  （想打好网球，我需要一个好球拍。）

这样一来，动词不定式 To play tennis well 的逻辑主语就变成了 I，垂悬修饰语同时被消除了。这个句子是正确的。

当我们使用动词不定式和分词作状语时，需要特别注意避免垂悬修饰语的出现。

修饰句子是分词最常见的用法之一，因此，大家务必将这类用法充分理解并熟记于心。

以下将继续介绍分词修饰形容词和动词的情况。这两种用法较少见，因此大家只要了解相关内容即可，不必过于纠结应用上的问题。

分词修饰形容词

当分词修饰形容词时，应位于"句中（被修饰词之后）"。如下所示：

- He is busy **doing the paintings**. （他在忙着画画。）
  > 现在分词 doing the paintings 修饰形容词 busy，为这个形容词添加了有关"原因"的附加信息，即：他现在忙的原因是"他在画画"。

- Mr Jackson was overseas **receiving medical treatment**.
  （杰克逊先生当时在海外接受治疗。）
  > 现在分词 receiving medical treatment 为形容词 overseas 添加了有关"原因"的附加信息，即：杰克逊先生在海外的原因是"接受治疗"。

分词修饰动词

分词修饰动词时通常表示"时间"，即表示一个与所修饰动词同时发生的动作。此时，分词可位于"句中（被修饰词之后）"或"句末"。例如：

- The children came running toward us. (孩子们向我们跑了过来。)
- We go shopping once a week. (我们每周去购物一次。)

✎ 在以上示例中，现在分词 running toward us 修饰动词 came，表示与动词同时发生的另一个动作；而现在分词 shopping 修饰动词 go，两者共同组成短语 go shopping。

同样，下列短语也是由现在分词修饰动词 go 构成的：

- go skating/go swimming/go fishing/go climbing

再如：

- Angela sat there crying. (安吉拉坐在那边哭着。)
- I spent two weeks writing the essay. (我花了两周写这篇文章。)

✎ 在上面的两个句子中，现在分词 crying 和 writing the essay 分别修饰动词 sat 和 spent，表示与动词同时发生的另一个动作。

练习十八

一、找出下面句子中的分词，并写出每个分词在句中所起的作用。

1. Total prize money shared by the winners was 3.7 million dollars.

2. He was quite nervous doing the experiment.

3. We have spent three years developing the system.

4. Flowers were watered by water brought from the pond.

5. People made fun of us, joking that it had taken us a long time to deal with a weird machine.

6. Holding the record for the most-visited museum in the world, the Forbidden City was the imperial palace of China's rulers until the end of the Qing Dynasty.

7. The latest painting sold was originally acquired by a young French doctor.

8. He made the remarks at a press conference, saying that lack of access to water has affected many children in the world.

9. With temperatures failing to rise over the past weeks, the freezing sea has paralyzed logistics.

10. Walking around, I saw a dog carrying a piece of meat entering your garden.

二、请按照要求分别写出六个句子。

1. 现在分词用作表语

2. 现在分词用作定语

3. 现在分词用作状语修饰句子

4. 过去分词用作表语

5. 过去分词用作定语

6. 过去分词用作状语修饰句子

第 19 章
复杂句的省略

"**省略**"（reduction）是一种非常实用的技巧，因为它能使我们的句子更加简洁精炼，同时也能使表达更为高效。本章将通过讲解并列句和从句的省略来详细介绍这种技巧。

一 并列句的省略

如果并列句的多个子句之间有重复的内容，通常可以将靠后子句中的重复部分省略*。例如：

- Should I go this way or [should I go] that way?
  （我该走这条路还是那条路呢？）

- In the storm, five people were killed and many [were] injured.
  （在这场暴风雨中，有 5 人丧生，多人受伤。）

> **注意** 由于比较句是一类特殊的并列句，所以我们也可以将靠后子句中的重复内容省略。例如：
>
> - I learn more quickly than others [learn].
>   （我学得比其他人快。）
>
> - She looks much younger than [she looks] on the screen.
>   （她看起来比在银幕上年轻得多。）

---

* 在本章的示例中，我们将用方括号"[ ]"表示可以省略的内容。

日常交流和沟通时的问答句也可以看作多个简单句的并列，因此也可以将重复的内容省略。例如：

— When is the next train for Beijing?（下一趟到北京的火车是什么时候？）
— [The next train for Beijing is] in half an hour.（半个小时后。）

— Could you lend me your pen for a while?（你能把你的钢笔借我用一会儿吗？）
— Yes,［I could lend you my pen.］（可以。）

二 从句的省略

在一个复杂句中，主句和从句的重要程度并不相同，所以我们并不能像省略并列句一样简单省略两者之间重复的部分。

那么，我们应该怎样省略从句呢？

答案是：从功能上来说，从句是为主句服务的，也就意味着其重要性不如主句。所以，我们可以省略从句中的部分内容，从而达到简化整个句子的效果。

定语从句的省略

在"第13章 定语从句"中，我们曾学习过定语从句的省略方法，在这里不妨再一起复习一下。

定语从句的省略原则为：**当定语从句的引导词为 who/which/that，而引导词后为 be 动词时，我们可以将引导词及 be 动词一起省略，从而达到简化句子结构的目的。**如以下例子所示：

- I caught the boy [that was] in front of me.
  　　　　　　　　　　定语从句

（我抓住了我前面的那个男孩。）

省略后，句子的意思与原句相比没有变化，但名词 the boy 变为由介词短语 in front of me 修饰，复杂句变成了简单句。

因为定语从句被分为两类（限制性定语从句和非限制性定语从句），所以接下来我们将分别讨论这两类从句的省略方法。

限制性定语从句的省略

举两个此类从句省略的例子：

- The company bought the solar panels [that are] made in China.
  （那家公司购买了中国制造的太阳能板。）

  📝 省略后，名词 the solar panels 变为由过去分词 made in China 直接修饰。

- The number of people [who are] able to choose is limited.
  （有选择权的人的数量是有限的。）

  📝 省略后，名词 people 由形容词短语 able to choose 直接修饰。

问题：如果定语从句的引导词是 who/which/that，但引导词后并不是 be 动词，那么这个定语从句还可以被省略吗？比如以下句子：

- The company has made an insurance plan that costs $1500 a month.

答案是：可以。

我们可以**将定语从句的时态改写为进行时，先创造出一个 be 动词，然后再将这个 be 动词与引导词一起省略**。即：

- that costs $1500 a month → that is costing $1500 a month

则以上句子可以被改写为：

- The company has made an insurance plan that is costing $1500 a month.

然后，我们再省略以上句子中的引导词 that 和 be 动词（is），则得到：

- The company has made an insurance plan costing $1500 a month.
  （那家公司制订了一项每月花费1500美元的保险计划。）

非限制性定语从句的省略

非限制性定语从句的省略方法与限制性定语从句相同——均**省略从句中的引导词和 be 动词**。如下所示：

- Mr Johnson, [who is] our physics teacher, is very kind to us.
  （约翰逊先生，我们的物理老师，对我们非常友好。）
  = Mr Johnson, our physics teacher, is very kind to us.

  📝 有些语法书中会将以上句子中 our physics teacher 之类的结构称作**同位语**。但我们通过分析可以发现，这类结构其实是非限制性定语从句被省略后保留下来的内容。

非限制性定语从句省略的更多示例：

- The store, [which was] located in the town, sold fish and meat.
（那家商店，位于城镇内，售卖鱼和肉。）
- That number has doubled, [which has been] to 2900.
（那个数字翻了一番，达到了2900。）

当非限制性定语从句的引导词后不是 be 动词时，我们也可以将定语从句改写为进行式，然后再对它进行省略。如以下例子所示：

- Some animals, which include some bears, only half hibernate.

⬇

- Some animals, [which are] including some bears, only half hibernate.
（很多动物，包括一些熊，都只是半冬眠。）

状语从句的省略

当我们使用不同类型的从属连词时，状语从句具备的属性也不同。例如：从属连词 when, while, before, after 等表示"时间"；because, as, since 等表示"原因"；though, although, whereas 等表示"对比"。

对于以上三类状语从句，我们可以通过以下原则对它们进行省略：**如果状语从句的主语与主句的主语相同，则省略状语从句中的主语和它后面的 be 动词**。

"时间"属性状语从句的省略

举一个例子：

- While I was reading this book, I picked up more than one hundred printing mistakes.
（当阅读这本书时，我挑出了一百多个印刷错误。）

按照前文提及的原则，我们将状语从句 While I was reading this book 中的主语 I 和 be 动词（was）省略后可得：

- While reading this book, I picked up more than one hundred printing mistakes. ①

220

第19章 复杂句的省略

由以上句子可知，While reading this book 之类的结构实际上是状语从句省略后形成的，所以我们不能将其简单地理解为 while 后面要接动词的 doing 形式。

当从句的从属连词为 while 和 when 时，在不影响语义的前提下，我们也可以选择将从属连词一同省略。所以，句①也可以表示为：

- Reading this book, I picked up more than one hundred printing mistakes.

此外，我们在前文学习过如何使用分词来表示动作发生的先后顺序：**将分词中动词的时态改为完成时，以表示这个分词的动作是在主句动作之前发生的**。我们也可以用这种方法来改写从属连词 after 引导的状语从句，如下所示：

- After they moved into the new house, they still lived a simple life.

  （当搬进新家后，他们仍旧过着简朴的生活。）

  = Having moved into the new house, they still lived a simple life.

当状语从句主语和主句主语相同，但从句主语后不是 be 动词时，我们同样可以将从句的时态改写为进行式，创造出一个 be 动词后再将其与从句主语一起省略。如以下例子所示：

- Before he went for work, Tom took a shower.

- Before he was going for work, Tom took a shower.

- Before going for work, Tom took a shower.

  （去上班前，汤姆冲了个澡。）

> **注意** 如果状语从句主语和主句主语不相同，则不能用该方法来将其省略。例如：
>
> - After his dad went for work, Tom started to have breakfast.
>
>   （当他爸爸去上班后，汤姆开始吃早餐。）
>
>   ✎ 在以上句子中，从句主语为 his dad，而主句主语为 Tom，因此状语从句 After his dad went for work 不能被省略。

"对比"属性状语从句的省略

此类状语从句的省略方式与"时间"属性状语从句相同。如以下例子所示：

- Though [I'm] bad at football, I enjoy playing it with friends.
  （尽管我不擅长足球，但我喜欢和朋友们一起踢足球。）

- Although [she is] a new teacher, Tina has a lot of experience on teaching.
  （虽然蒂娜是一名新老师，但她着丰富的教学经验。）

"原因"属性状语从句的省略

此类状语从句的省略方式与以上两类状语从句只有细微的区别——我们必须**将从属连词也一起省略**。如以下例子所示：

- I love to go to school, because I want to see my friends.

⬇ 将从句置于句首

Because I want to see my friends, I love to go to school.

⬇ 将动词 want 改写为进行式

Because I am wanting to see my friends, I love to go to school.

⬇ 省略从属连词、主语和 be 动词

Wanting to see my friends, I love to go to school.
（因为想看到我的朋友，我非常喜欢去学校。）

从以上例子可以看出，我们在省略 I am 的同时也省略了从属连词 Because。

更多示例如下：

- [Since he is] being quite good at math, Tom helps me with my homework every day.

⬇

Being quite good at math, Tom helps me with my homework every day.
（汤姆非常擅长数学，他每天帮助我完成家庭作业。）

- [As she is] being a doctor, she watches people facing death daily.

⬇

Being a doctor, she watches people facing death daily.
（作为一名医生，她每天都看到人们面对死亡。）

省略能使句型更加丰富、表达更加简洁高效，我们在写作中应合理地运用。

独立主格结构的构成

当状语从句的主语和从句主语不同时,我们如何对其进行省略呢?

需要注意的是,这类省略只有在"从属连词可以省略的状语从句"中才能够实现。而**"从属连词可以省略的状语从句"包括部分"时间"属性状语从句(由 when 和 while 引导)和"原因"属性状语从句**。

举一个例子:

- As the girl was staring at him, he could not do anything.
  (因为那个女孩盯着他,他没法做任何事情。)

我们先使用前面提及的省略状语从句的方法,将从属连词(As)、从句主语(the girl)和 be 动词(was)省略,则会得到:

- Staring at him, he could not do anything.　　　　　　(×)

以上句子显然是错误的。分词 Staring at him 的逻辑主语与主句主语不同(句中分词为我们之前学过的**垂悬修饰语**)。

此时,我们应将从句主语(the girl)还原回去,即:

- <u>The girl staring at him</u>, he could not do anything.　　(√)
  　独立主格结构

以上句子就是正确的,而我们称其中的 The girl staring at him 为**独立主格结构**。

不难看出,独立主格结构也是状语从句省略以后形成的。

更多独立主格结构示例如下:

- <u>The meeting over</u>, all of them went back to work.
  (会议结束后,他们都回去工作了。)
- The boy is lying on the couch, <u>his hands crossed under his head</u>.
  (那个男孩躺在沙发上,双手交叉放在脑袋下面。)

练习十九

请应用在本书中学到的语法知识,将每组简单句改写成尽可能多的复杂句。

1. {They were born in China.
   {They spoke Chinese.

   _____

2. {There were a great many buses.
   {Most buses were already full.

   _____

3. {He got up early.
   {He caught the first bus.

   _____

4. {I'm happy for Tom.
   {Tom passed the exam yesterday.

   _____

5. {He becomes a world-famous artist.
   {People all regard him as a genius.

   _____

6. {Our English teacher came into the classroom.
   {Papers were in her hand.

   _____

7. {He is a soldier.
   {He shows selfless devotion to his duty.

   _____

参考答案

练习一

1. The dog walks slowly. (那只狗走得很慢。)
2. Jenny often drinks coffee. (珍妮常喝咖啡。)
3. The boy is an excellent swimmer. (那个男孩是游泳高手。)
4. Shenyang is quite cold. (沈阳很冷。)

练习二

1. 第一步：The girl laughed. (那个女孩笑了。)
   第二步：The beautiful girl laughed. (那个漂亮的女孩笑了。)
   第三步：The beautiful girl laughed happily. (那个漂亮的女孩笑得很开心。)

2. 第一步：They met the target. (他们达成了目标。)
   第二步：They met the long-term target. (他们达成了长期目标。)
   第三步：They finally met the long-term target. (他们最终达成了长期目标。)

3. 第一步：He becomes a lawyer. (他成了一名律师。)
   第二步：He becomes a respected lawyer. (他成了一名受人尊敬的律师。)

4. 第一步：The man looked worried. (那个人看起来有些焦虑。)
   第二步：The old man looked worried. (那个老人看起来有些焦虑。)
   第三步：The old man looked very worried. (那个老人看起来很焦虑。)

5. 第一步：They call John a lazy boy. (他们称约翰为懒惰的孩子。)
   第二步：They always call John a lazy boy. (他们总是称约翰为懒惰的孩子。)

6. 第一步：The boy made his teacher mad. (那个男孩使得老师很生气。)
   第二步：The naughty boy made his teacher mad. (那个淘气的男孩使得老师很生气。)
   第三步：In the classroom, the naughty boy made his teacher mad. (在教室里,那个淘气的男孩使得老师很生气。)

练习三

1. I heard the song sung in English.

   介词短语 in English 用作状语修饰分词 sung。句子主干为：I heard the song sung。句型为：S + V + O + C。

2. The season for the Spring Festival is coming.

   介词短语 for the Spring Festival 用作定语修饰名词 season。句子主干为：The season is coming。句型为：S + V + P。

3. People that live in the city visit the museum every year.

   定语从句 that live in the city 用作定语修饰 People，every year 用作状语修饰谓语 visit。句子主干为：People visit the museum。句型为：S + V + O。

4. For us, the situation looks pretty optimistic.

   介词短语 For us 用作状语修饰整个句子，副词 pretty 用作状语修饰形容词 optimistic。句子主干为：The situation looks optimistic。句型为：S + V + P。

5. She presented her mother an expensive dress as a birthday gift.

   形容词 expensive 用作 dress 的定语，介词短语 as a birthday gift 用作状语修饰谓语 presented。句子主干为：She presented her mother a dress。句型为：S + V + O + O。

6. 46 medium-sized cities saw new home prices increase during December.

   形容词 medium-sized 和 new 用作定语分别修饰名词 cities 和 home prices，介词短语 during December 用作状语修饰谓语 saw。句子主干为：46 cities saw home prices increase。句型为：S + V + O + C。

   ✎ 如果 see, make, let, help 等动词之后的补语为动词不定式，我们一般将该动词不定式前的 to 省略，故此句中使用 increase 而不是 to increase。

7. The scientists in Britain will examine meteorites formed from ancient material from Mars.

   介词短语 in Britain 和分词 formed from ancient material from Mars 用作定语分别修饰名词 scientists 和 meteorites。句子主干为：The scientists will examine meteorites。句型为：S + V + O。

8. The company grows plants that are eaten by people who live near the indoor farm.

   定语从句 who live near the indoor farm 用作定语修饰名词 people，且定语从句 that are eaten by people 用作定语修饰名词 plants。句子主干为：The company grows plants。句型为：S + V + O。

226

9. The number of college students considered to be low income decreased from 100,000 to 75,000.

过去分词 considered to be low income 用作定语修饰名词 students，介词短语 of college 用作定语修饰名词 number，介词短语 from 100,000 to 75,000 用作状语修饰动词 decreased。句子主干为：The number decreased. 句型为：S + V。

练习四

1. 名词示例：
   - David arrived last night.　　　　　　　　　　　　　（主语）
     （戴维昨晚到的。）
   - My Dad teaches me English.　　　　　　　　　　　　（宾语）
     （我爸爸教我英语。）
   - The man became a famous pianist.　　　　　　　　　（表语）
     （那人成了一位著名的钢琴家。）
   - People elected her monitor.　　　　　　　　　　　　（补语）
     （大家选她当班长。）
   - Mr. Brown looked at his watch.　　　　　　　　　　（介宾）
     （布朗先生看了一眼他的手表。）

2. 代词示例：
   - She forgives her sister.　　　　　　　　　　　　　　（主语）
     （她原谅了她妹妹。）
   - Study makes me happy.　　　　　　　　　　　　　　（宾语）
     （学习使我愉快。）
   - The suspect is him.　　　　　　　　　　　　　　　　（表语）
     （嫌疑人是他。）
   - Tony called his colleagues others.　　　　　　　　　（补语）
     （托尼称他的同事为其他人。）
   - John spent much money on something useless.　　　（介宾）
     （约翰在一些没用的东西上花了很多钱。）

3. 名词性从句示例：

- Whether he will leave is unclear. （主语）

  （他是否会走还不明确。）

- I do not know who I can believe. （宾语）

  （我不知道我能相信谁。）

- The problem is how we will organize the work. （表语）

  （问题是我们如何组织这项工作。）

- The teacher made John who he wanted to be. （补语）

  （老师使约翰成了他想成为的那个人。）

- John is on the way to which his father was going. （介宾）

  （约翰走在他父亲之前走过的路上。）

4. 动词不定式示例：

- To save money now seems impossible. （主语）

  （如今省钱似乎是不可能的。）

- She likes to travel around the world. （宾语）

  （她喜欢环游世界。）

- My plan is to help more people with their English. （表语）

  （我的计划是帮助更多的人学英语。）

- The doctor allowed him to work. （补语）

  （医生允许他工作。）

动词不定式不能用作介宾。 （介宾）

5. 动名词示例：

- Collecting information is my job. （主语）

  （收集信息是我的工作。）

- You should avoid using bad words. （宾语）

  （你得避免说脏话。）

- Seeing is believing. （表语）

  （眼见为实。）

- They named the activity skiing on the mud. （补语）

  （他们称这种活动为"泥上滑雪"。）

- We are looking forward to holding a party. （介宾）

  （我们盼望能举办一次聚会。）

练习五

1. 形容词用作定语：

   - Tourists have experienced a completely different culture.

     （游客们体验了一种完全不同的文化。）

   - He told us something scary.

     （他告诉了我们一些可怕的事情。）

2. 介词短语用作定语：

   - People in this city boycotted the construction of a new factory.

     （在那座城市里的人们抵制一个新工厂的建设。）

   - I will find someone like you.

     （我会找到一个像你一样的人。）

3. 定语从句用作定语：

   - The book that you asked for is here.

     = Here is the book that you asked for.

     （你要的书在这里。）

   - Tom is someone that has to look in the mirror every two hours.

     （汤姆是一个每两个小时必须照一次镜子的人。）

4. 动词不定式用作定语：

   - He has no friend to depend on.

     （他没有可以依靠的朋友。）

   - I want something to drink.

     （我想要些可以喝的东西。）

5. 分词用作定语：

   - The man talking with my father is my teacher.

     （和我爸爸讲话的那个人是我的老师。）

- The song is about someone blinded by love.
  (这首歌的内容是关于一个被爱蒙蔽双眼的人。)

练习六

1. 副词示例：

    - We often go to cinema on Saturday. （修饰动词）
      (周六我们常常去看电影。)

    - He is a fairly good violinist. （修饰形容词）
      (他是一个相当不错的小提琴手。)

    - Honestly, I just don't care. （修饰句子）
      (老实说，我只是不在意。)

2. 介词短语示例：

    - We often go to cinema on Saturday. （修饰动词）
      (周六我们常常去看电影。)

    - I was quite good at mathematics. （修饰形容词）
      (我以前很擅长数学。)

    - During the summer, my skin sometimes gets greasy. （修饰句子）
      (在夏天，我的皮肤有时会变得很油。)

3. 状语从句示例：

    状语从句不能修饰形容词
    状语从句不能修饰动词

    - Though he knows he's wrong, Tom still argues. （修饰句子）
      (尽管汤姆知道自己错了，他仍然在辩解。)

4. 动词不定式示例：

    - We have come to learn from you. （修饰动词）
      (我们来这里是为了向你学习。)

    - Is the bridge too small to support lorries? （修饰形容词）
      (这座桥小到无法承载货车吗？)

    - To climb the mountain, we have to take various precautions. （修饰句子）
      (要爬上这座山，我们需要做多方面的准备。)

5. 分词示例：
   - John sat there thinking. （修饰动词）
     （约翰坐在那里思考。）
   - I was nervous talking with the teacher. （修饰形容词）
     （与老师交谈使我感觉很紧张。）
   - Laughing and talking merrily, kids ran out of the classroom. （修饰句子）
     （孩子们跑出了教室，边说边笑很开心。）

练习七

1. 一般现在时：
   - John and Tom are good friends.
     （约翰和汤姆是好朋友。）

2. 一般过去时：
   - The First Emperor of Qin unified China in 221 B.C.
     （秦始皇于公元前221年统一了中国。）

3. 一般将来时：
   - He will speak to us next week.
     （他下周会给我们讲课。）

4. 现在进行时：
   - Be quiet! The baby is sleeping.
     （安静！宝宝在睡觉。）

5. 过去进行时：
   - When I came to see her, she was writing an essay.
     （当我来看她的时候，她正在写文章。）

6. 将来进行时：
   - I will be listening to Professor Wang at 9:00 am this Sunday.
     （本周日上午9点，我会在听王教授的讲座。）

7. 现在完成时：
   - I have used all my prehistoric power to swim.
     （我已经用我的洪荒之力来游泳了。）

8. 过去完成时：
   - The film had begun when we got to the cinema.
     （当我们到达影院时，电影已经开始了。）

9. 现在完成进行时：
   - Until now, I have been collecting stamps for 10 years.
     （到现在为止，我集邮已有10年了。）

练习八

1. It looks as if it <u>were</u> the end of the world. （虚拟语气）
2. I would rather Tom <u>hadn't said</u> that. （虚拟语气）
3. My kid wishes that every day <u>were</u> her birthday. （虚拟语气）
4. Tom wishes that it <u>would/could</u> rain tomorrow. （虚拟语气）
5. If it <u>rains</u> tomorrow, I <u>will stay</u> at home. （陈述语气）
6. If it <u>were to rain</u> tomorrow, I <u>would stay</u> at home. （虚拟语气）
7. If it <u>had not rained</u> yesterday, I <u>wouldn't have stayed</u> at home. （虚拟语气）
8. If it <u>didn't rain</u> now, I <u>would go</u> out to play football. （虚拟语气）
9. If it <u>didn't rain</u> yesterday, he <u>would go</u> out. （陈述语气）
10. If it <u>had not rained</u> yesterday, I <u>would not be</u> late right now. （虚拟语气）

练习九

1. To be loved <u>is</u> the greatest happiness in the world.
   答案是 is，因为动词不定式没有复数形式。

2. A smile and a handshake <u>mean</u> welcome.
   答案是 mean，因为主语是并列连词 and 连接的两个名词。

3. My family <u>are</u> all keen on concerts.
   答案是 are，集体名词 family 指每个家庭成员，所以谓语动词用复数形式。

4. Either they or she is going to Germany next month.

    答案是 is，主语是在复数代词 they 和单数代词 she 之间选择，代词 she 比 they 更靠近谓语动词，所以谓语动词用单数形式。

5. None of the suggestions were accepted.

    答案是 were，因为名词 the suggestions 是真正的主语。

6. All of his money was stolen last night.

    答案是 was，因为名词 his money 是真正的主语。

7. Only a third of us have breakfast in the kitchen.

    答案是 have，因为代词 us 是真正的主语。

8. That he will come to the conference has excited everyone.

    答案是 has，因为名词性从句没有复数形式。

9. Buying clothes is a time-consuming job.

    答案是 is，因为动名词没有复数形式。

10. One of our key employees was poached by another company.

    答案是 was，因为不定代词 One 是真正的主语。

练习十

1. By the end of last term, 10 courses had been learned by us.

2. My own business is being run by me.

3. My pet was named Lily by my father.

4. This infant would be looked after by Tom.

5. I have been given lots of help by the writer and poet.

    Lots of help has been given to me by the writer and poet.

6. Someone has planted all the trees around the lake.

7. A bee was attacking me.

8. Someone often hears him sing the popular song.

9. Someone gave John half an hour to decide whether he would go.

10. People have been determined to fight for their own rights.

    （注：此句中的 determined 是形容词，并不是被动语态，所以无法改写。大家在学习过程中要注意区分 S + V + P 句型中的表语是过去分词还是形容词——如果一句话可以被改写为主动语态，那么这个表语就是过去分词，否则这个表语就是形容词。）

练习十一

1. He was found in good health.

   （他被发现健康状况良好。）

   句中只有一个介词短语：in good health。

   因为原句是被动语态，需先将其改成主动语态，得到：

   Someone found him in good health.

   介词短语在主动句中用作宾语 him 的补语，所以不难得出，in good health 在原句中用作主语 He 的补语。

2. You have to raise up your hands.

   （你必须举手。）

   句中无介词短语，因为原句可以改写为：

   You have to raise your hands up.

   形容词 up 用作宾语 your hands 的补语。

3. FIFA will expand the World Cup to 48 teams from 32 as of 2026.

   （2026 年，FIFA 会将世界杯从 32 支球队扩充至 48 支。）

   句中有三个介词短语，分别为：to 48 teams, from 32, as of 2026。

   这三个介词短语均用作状语，修饰动词 expand。

4. They were anxious about dealing with those problems.

   （对于那些问题的处理，他们很焦虑。）

   句中只有一个介词短语：about dealing with those problems。

   这个介词短语用作状语，修饰形容词 anxious。

5. The outcome of the election was in doubt.

   （选举的结果还不明朗。）

   句中有两个介词短语，分别为：of the election, in doubt。

   of the election 用作定语，修饰名词 outcome；in doubt 用作表语。

参考答案

6. Unlike any other robots, it is dependent on a touchscreen.

   (不像其他机器人，它依靠的是一块触摸屏。)

   句中有两个介词短语，分别为：Unlike any other robots, on a touchscreen。

   Unlike any other robots 用作状语，修饰其后的主句；on a touchscreen 用作状语，修饰形容词 dependent。

7. Mr Han is a senior technician for the Craft Studio with 20 years of experience.

   (韩先生是工艺工作室的一位拥有20年经验的高级技工。)

   句中有两个介词短语，分别为：for the Craft Studio, with 20 years of experience。

   这两个介词短语均用作定语，修饰名词 technician。

8. In the police raid, 150 counterfeit watches worth nearly 2 million yuan were confiscated.

   (在一次警方搜捕中，价值近两百万元的150块假表被没收。)

   句中有两个介词短语，分别为：In the police raid, worth nearly 2 million yuan。

   In the police raid 用作状语，修饰其后的主句；worth nearly 2 million yuan 用作定语，修饰名词 watches。

9. For the past three weeks, the man has been searching for answers to questions on air pressure.

   (在过去的三个星期里，那位男士一直在寻找有关气压问题的答案。)

   句中有四个介词短语，分别为：For the past three weeks, for answers, to questions, on air pressure。

   For the past three weeks 用作状语，修饰其后的主句；for answers 用作状语，修饰动词 searching；to questions 用作定语，修饰名词 answers；on air pressure 用作定语，修饰名词 questions。

10. I'm not for kids putting themselves in danger.

    (我不赞成孩子将自己置于险境。)

    句中有两个介词短语，分别为：for kids, in danger。

    for kids 用作表语；in danger 用作 themselves 的补语。

    (注：现在分词短语 putting themselves in danger 用作介宾 kids 的补语，而 in danger 相当于用作现在分词中宾语 themselves 的补语。)

11. One of the premier's stops during his visit to Switzerland is the United Nations Office in Geneva.

    (总理访问瑞士期间的一站是位于日内瓦的联合国办事处。)

235

句中有四个介词短语,分别为:of the premier's stops, during his visit, to Switzerland, in Geneva。

of the premier's stops 用作定语,修饰不定代词 One;during his visit 用作定语,修饰名词 stops;to Switzerland 用作定语,修饰名词 visit;in Geneva 用作定语,修饰名词 Office。

练习十二

1. They will hold a gala in the theater.
   ① ② ③

   第一步:
   - Who will hold a gala in the theater? (谁将在这个剧院里举办晚会?)
   - What will they hold in the theater? (他们将在这个剧院里举办什么?)
   - Where will they hold a gala? (他们将在哪里举办晚会?)

   第二步:
   - who will hold a gala in the theater (谁将在这个剧院里举办晚会)
   - what they will hold in the theater (他们将在这个剧院里举办什么)
   - where they will hold a gala (他们将在哪里举办晚会)
   - whether they will hold a gala in the theater (他们是否将在这个剧院里举办晚会)

   第三步:
   第一个句子:
   - Who will hold a gala in the theater has not yet been announced.
     (谁将在这个剧院里举办晚会还没有被宣布。)
   由于以上句子主语较长,我们可以利用形式主语 it 作如下改写:
   - It has not yet been announced who will hold a gala in the theater.
   第二个句子:
   - People care for what they will hold in the theater.
     (人们关心他们将在这个剧院里举办什么。)
   第三个句子:
   - John has told me where they will hold a gala.
     (约翰已经告诉我他们将在哪里举办晚会。)

第四个句子：

- The core of the problem is whether they will hold a gala in the theater.

  (问题的核心是他们是否将在这个剧院里举办晚会。)

2. Tom went to Shanghai last month.

第一步：

- Where did Tom go last month?（汤姆上个月去哪里了？）

- When did Tom go to Shanghai?（汤姆什么时候去的上海？）

第二步：

- where Tom went last month（汤姆上个月去了哪里）

- when Tom went to Shanghai（汤姆什么时候去的上海）

- that Tom went to Shanghai last month（汤姆上个月去了上海）

第三步：

第一个句子：

- He expressed his opinion on where Tom went last month.

  (他表达了他有关汤姆上个月去了哪里的看法。)

第二个句子：

- Do you know when Tom went to Shanghai?

  (你知道汤姆什么时候去的上海吗？)

第三个句子：

- That Tom went to Shanghai last month made us rather happy.

  (汤姆上个月去上海这件事使我们非常开心。)

由于以上句子主语较长，我们可以利用形式主语 it 作如下改写：

- It made us rather happy that Tom went to Shanghai last month.

练习十三

1. I drank too much cola, which made me fat.

2. John, whom you met in Beijing, is going back to London.

3. The pen that he is writing with is mine.

4. The kid that wore a red dress was Lucy. /The kid that was wearing a red dress was Lucy.（省略后得到：The kid wearing a red dress was Lucy.）

5. There were a great many buses, most of which were already full.

6. He, whom people all regard as a genius, becomes a world-famous artist. /He becomes a world-famous artist, whom people all regard as a genius. /People all regard him, who becomes a world-famous artist, as a genius.

7. In the west, there is a river whose name is the Danube.

8. The moon, which is only a satellite of the earth, doesn't give out light itself.（省略后得到：The moon, only a satellite of the earth, doesn't give out light itself.） / The moon, which doesn't give out light itself, is only a satellite of the earth.

练习十四

一、1. It is obvious that English is being accepted as an international language.
画线部分为名词性从句，在句中用作主语，因为其可以改写为：
That English is being accepted as an international language is obvious.

2. Do you know the reason that he is going to marry you?
画线部分为定语从句，修饰先行词 the reason。

3. I was so excited that I forgot it was midnight.
that I forgot it was midnight 为状语从句，与主句中的 so 构成搭配 so...that...。而 it was midnight 为名词性从句，在从句 I forgot (that) it was midnight 中用作宾语。

4. It was such a hot day that nobody wanted to do anything.
画线部分为状语从句，与主句中的 such 构成固定搭配 such...that...。

5. They told us that people in Africa need more food now than ever.
画线部分为名词性从句，在句中用作宾语。

6. I am thinking of whether I should quit my job.
画线部分为名词性从句，在句中用作介宾。

7. I can still smile as long as you are on my side.

   画线部分为状语从句。

8. The painting that David donated to the school is being shown in the room.

   画线部分为定语从句，修饰先行词 The painting。

9. I like Greece, but I have no opportunity to go there.

   该句为并列句，句子中无从句。

10. It is the story which we wrote for our storytelling competition.

    画线部分为定语从句，修饰先行词 the story。

11. I went to the station at which I met John.

    画线部分为定语从句，修饰先行词 the station。

12. His mother was worried that he rarely went out with friends.

    画线部分为名词性从句，在句中用作介宾，worried 后面的 about 被省略。

二、错误。

因为 because 是从属连词，而 so 是并列连词，所以 because 或 so 只能保留一个：

- Because bamboo is hollow, it is light.　　　　　　(√)

  　状语从句　　　　　　主句

- Bamboo is hollow, so it is light.　　　　　　　　(√)

  并列子句①　　并列子句②

练习十五

一、示例如下：

1. Carmen sat down, but Alex remained standing.

   (卡门坐下了，但亚历克斯仍旧站着。)

2. A boy, a girl and their dog are on their way home.

   (一个男孩、一个女孩和他们的狗走在回家的路上。)

3. Is Albania in Europe, in Africa, in America or in Asia?

   (阿尔巴尼亚是在欧洲、非洲、美洲还是亚洲？)

二、示例如下，方括号"[ ]"中表示可以省略的部分：

1. 句中第一个 as 修饰形容词 bright：

   She is as bright as any in the school [is].

   （她和学校里的其他学生同样聪明。）

2. 句中第一个 as 修饰副词 soon：

   Tom finished the task as soon as he could [finish the task].

   （汤姆尽可能快地完成了这项任务。）

练习十六

一、1. No one can avoid her being influenced by advertisements.

2. I'm sorry for their not having kept the promise.

3. John's coming to the meeting is important for us.

二、1. Driving a car at night is tiring. （晚上开车非常累人。）

2. He suggested putting the meeting to an end. （他建议结束此次会议。）

3. Tom insisted on my going with them. （汤姆坚持要我和他们一起走。）

练习十七

一、1. He seems to have caught a cold. （他好像感冒了。）

   to have caught a cold 用作表语。

2. It is pleasant to work with you. （和你一起工作很愉快。）

   to work with you 用作主语。原句为：To work with you is pleasant.

3. The cost of treatment is too high for most people to pay.

   （治疗费用对于大多数人来说太高了。）

   to pay 作介宾 most people 的补语。

4. We used branches and leaves to form a shelter.

   （我们用树枝和树叶搭建了一个避难所。）

   to form a shelter 用作状语修饰动词 used。

5. He was not allowed to enter the classroom. (他未被允许进入教室。)
   to enter the classroom 用作主语 He 的补语。

6. I am eager to see him and tell him the truth. (我急于见他并告诉他真相。)
   to see him and tell him the truth 用作状语，修饰形容词 eager。

7. It is safe to swim in the lake. (在这个湖里游泳很安全。)
   to swim in the lake 用作主语。原句可改写为：To swim in the lake is safe.

8. They learned to put together all the building blocks.
   (他们学会了把所有积木拼在一起。)
   to put together all the building blocks 用作宾语。

9. The Construction Bank of China became the first Chinese bank to open a branch in Switzerland. (中国建设银行成了在瑞士开分行的首家中国银行。)
   to open a branch in Switzerland 用作定语，修饰名词 bank。

10. The actor appealed to everyone to help each other.
    (那名演员恳求所有人互相帮助。)
    to help each other 用作介宾 everyone 的补语。

11. Tom taught us how to take 15 minutes to enjoy our lunch.
    (汤姆教我们如何用 15 分钟来享受午餐。)
    how to take 15 minutes 用作直接宾语；to enjoy our lunch 用作状语，修饰动词 take。

12. We want to build our teachers' capacity to teach in both languages.
    (我们想培养老师们双语教学的能力。)
    to build our teachers' capacity 用作宾语；to teach in both languages 用作定语，修饰名词 capacity。

13. American business leaders are urging South Korean leaders to increase market access to U. S. companies seeking to sell goods in South Korea.
    (美国商界领袖劝说韩国领导人增加"寻求在韩国销售商品的美国公司"的市场准入。)
    to increase market access to U. S. companies 用作宾语 leaders 的补语；to sell goods in South Korea 用作动词 seeking 的宾语。

二、1. 动词不定式用作名词性结构：

   ● To eat organic food is healthy.   （用作主语）

241

- Tom pretended to still be asleep. （用作宾语）
- He appears to be your friend. （用作表语）
- We don't want any of you to get lost. （用作补语）

2. 动词不定式用作定语：

- John is always the last one to leave school.
  = John is always the last one that will leave school.

- I have a lot of work to do.
  = I have a lot of work that I should do.

- There is nothing to worry about.
  = There is nothing that one should worry about.

- We must exploit every opportunity to learn new things.
  = We must exploit every opportunity that we can learn new things.

3. 动词不定式用作状语：

- I went home to get my umbrella. （修饰动词）
- She is able to learn from those around her. （修饰形容词）
- To be frank, I have a better offer. （修饰句子）

练习十八

一、1. Total prize money shared by the winners was 3.7 million dollars.
（所有获奖者共同分享的总奖金是370万美元。）
过去分词 shared by the winners 用作定语，修饰名词 money。

2. He was quite nervous doing the experiment.
（做这个实验时他很紧张。）
现在分词 doing the experiment 用作状语，修饰形容词 nervous。

3. We have spent three years developing the system.
（我们花了三年开发这个系统。）
过去分词 spent 表示完成时态；
现在分词 developing the system 用作状语，修饰动词 spent。

参考答案

4. Flowers were <u>watered</u> by water <u>brought from the pond</u>.
   (浇花的水是从池塘里运来的水。)
   过去分词 watered 表示被动语态；
   过去分词 brought from the pond 用作定语，修饰名词 water。

5. People made fun of us, <u>joking that it had taken us a long time to deal with a weird machine</u>. (人们拿我们开玩笑，嘲笑我们花了很长时间弄出了一个奇怪的机器。)
   现在分词 joking that... 用作状语，修饰主句；
   过去分词 taken 表示完成时态。

6. <u>Holding the record for the most-visited museum in the world</u>, the Forbidden City was the imperial palace of China's rulers until the end of the Qing Dynasty.
   (故宫保持着世界上"游览者最多博物馆"的纪录，清朝结束之前它一直是中国皇帝的宫殿。)
   现在分词 Holding the record... 用作状语，修饰主句。

7. The latest painting <u>sold</u> was originally <u>acquired</u> by a young French doctor.
   (最近卖出的这幅画最早是由一名年轻的法国医生得到的。)
   过去分词 sold 用作定语，修饰名词 painting；
   过去分词 acquired 表示被动语态。

8. He made the remarks during a press conference, <u>saying that lack of access to water has affected many children in the world</u>.
   (他在新闻发布会上讲话，说水匮乏影响了世界上的很多孩子。)
   现在分词 saying that... 用作状语，修饰主句；
   过去分词 affected 表示完成时态。

9. With temperatures <u>failing to rise over the past weeks</u>, the freezing sea has <u>paralyzed</u> logistics. (因为过去几周气温没有上升，冰冻的海面使物流瘫痪了。)
   现在分词 failing to... 作介宾 temperatures 的补语；
   过去分词 paralyzed 表示完成时态。

10. <u>Walking around</u>, I saw a dog <u>carrying a piece of meat</u> <u>entering your garden</u>.
    (走在路上时，我看到一条叼着一块肉的狗进入了你的花园。)
    现在分词 Walking around 用作状语，修饰主句；
    现在分词 carrying a piece of meat 用作定语，修饰名词 a dog；
    现在分词 entering your garden 用作宾语 a dog 的补语。

二、1. I was cleaning my apartment then.（那时我正在打扫我的公寓。）

2. The girl selling matches is over there.（卖火柴的小女孩在那儿。）

3. Having heard the news, everyone became very excited.
（听到这则新闻后，每个人都变得非常兴奋。）

4. Knives are used for cutting things.（刀是用来切东西的。）

5. Here is a river polluted by dirty water from the north.
（这是被一条被北部污水污染了的河。）

6. Seen from the top, our village looked like a painting.
（从山顶上看，我们的村庄看起来像一幅画。）

练习十九

（以下答案仅供参考，方括号"[ ]"表示可以省略的部分。）

1. ① 定语从句

    They, who spoke Chinese, were born in China.

    将以上句子省略后可得：

    They, speaking Chinese, were born in China.

    ② 并列句

    They were born in China and [they] spoke Chinese.

    ③ 状语从句

    Because they were born in China, they spoke Chinese.

    将以上句子省略后可得：

    Born in China, they spoke Chinese.

    ④ 分词作状语

    They were born in China, speaking Chinese.

2. ① 定语从句

    There were a great many buses, most of which were already full.

    ② 独立主格结构

    There were a great many buses, most of them already full.

③ 介宾补语形式

There were a great many buses, with most of them already full.

④ 状语从句

Although there were a great many buses, most of them were already full.

⑤ 并列句

There were a great many buses, but most of them were already full.

3. ① 状语从句

He got up early so that he caught the first bus.
Because he got up early, he caught the first bus.

② 并列句

He got up early and [he] caught the first bus.

③ 分词作状语

Getting up early, he caught the first bus.

4. ① 状语从句

I'm happy for Tom because he passed the exam yesterday.

② 非限制性定语从句

I'm happy for Tom, who passed the exam yesterday.

③ 动名词所有格形式（作介宾）

I'm happy for Tom's having passed the exam yesterday.

④ 分词形式（作介宾的补语）

I'm happy for Tom having passed the exam yesterday.

5. ① 状语从句

As he becomes a world-famous artist, people all regard him as a genius.

② 并列句

He becomes a world-famous artist and people all regard him as a genius.

③ 限制性定语从句

He, whom people all regard as a genius, becomes a world-famous artist.

④ 独立主格结构

He becomes a world-famous artist, people all regarding him as a genius.

6. ① 独立主格结构

   Our English teacher came into the classroom, papers in her hand.

   ② "介词短语+补语" 作状语

   Our English teacher came into the classroom, with papers in her hand.

   ③ 状语从句

   When our English teacher came into the classroom, papers were in her hand.

   ④ 并列句

   Our English teacher came into the classroom and papers were in her hand.

7. ① 介词短语作状语

   As a soldier, he shows selfless devotion to his duty.

   ② 非限制性定语从句

   He, [who is] a soldier, shows selfless devotion to his duty.

   ③ 分词作状语

   He is a soldier, showing selfless devotion to his duty.

   ④ 状语从句

   As he is a soldier, he shows selfless devotion to his duty.

   将以上句子省略后可得：

   Being a soldier, he shows selfless devotion to his duty.

   ⑤ 限制性定语从句

   He is a soldier who shows selfless devotion to his duty.

   ⑥ 并列句

   He is a soldier and [he] shows selfless devotion to his duty.

后 记

到这里，本书的所有内容也就告一段落了。此时，关于英语语法，你的脑海中是不是已经浮现出了一个比较完整的框架呢？现在，我们一起回到本书的第 1 章，看看你能不能**轻松回答"英语语法学习的三个核心问题"**吧。话不多说，答题开始：

核心问题一：什么是名词、动词、形容词和副词？

现在的你是不是觉得这个问题也太简单了吧？

没错，名词、动词、形容词和副词是英语中最重要的四类词，在本书中我们称其为"四大词性"。

名词就是人、事物或抽象概念的名称。比如：John（约翰）、sun（太阳）、idea（主意）都是比较常见的名词。

动词表示一个动作或一类状态。我们又可以把它分为（后面需要接宾语的）**及物动词**、（后面不需要接宾语的）**不及物动词**和（只起到联系前后结构作用的）**系动词**。

形容词是用来修饰名词或代词的一类词，它的作用是为这些词添加一些附加信息。比如"red dress"中的形容词 red 修饰的就是名词 dress，为其添加了"红色的"这个附加信息。

副词的用法和形容词完全相反，它修饰的是"除名词或代词之外的其他结构"，因此，副词能够修饰动词、形容词、副词、介词短语、句子等。比如"walk quickly"（快走）、"very good"（非常好）、"right here"（就是这里）中的 quickly, very, right 都是副词，分别修饰动词、形容词和副词。

轻松地回答第一个核心问题后，我们再来看下一个：

核心问题二：如何使用名词、动词、形容词和副词？

这时我们会想到英语中的五种简单句句型，也就是：

> 1. S + V　　　　　（主语 + 谓语）
> 2. S + V + O　　　（主语 + 谓语 + 宾语）
> 3. S + V + O + O　（主语 + 谓语 + 宾语 + 宾语）
> 4. S + V + P　　　（主语 + 谓语 + 表语）
> 5. S + V + O + C　（主语 + 谓语 + 宾语 + 补语）

动词怎么用？哈哈，当然是把它放到上述句型中**谓语（V）**的位置。只不过要注意：在"S + V"句型中使用**不及物动词**，"S + V + P"句型中使用**系动词**，而另外三类句型中使用**及物动词**。

名词的用法也很简单，主语（S）和宾语（O）位置必须放置名词，而表语（P）和补语（C）位置也可以放置名词。另外，别忘了介词短语中的介宾位置（比如 in Beijing 中 Beijing 所处的位置）也必须放置名词。总而言之，我们把**名词**放在**主语**、**宾语**、**表语**、**补语**、**介宾**这五个位置上。

至于**形容词和副词**的用法，我们在回答上一个问题时就已经一起解答了。我们用形容词"修饰一个句子中的名词和代词"，而用副词"修饰句子中除名词和代词以外的其他结构"。

到此，第二个核心问题也回答完毕，让我们一起来看看最后一个问题：

核心问题三：哪些结构可以当作名词、动词、形容词和副词使用？

现在，名词、动词、形容词和副词的用法我们已经烂熟于胸了。接下来，我们会惊奇地发现：英语中的其他结构和这四大词性竟然是"李鬼"和"李逵"的关系，也就是说，它们的用法竟然是"复制"四大词性的用法！

在本书中，我们主要讨论了七类结构，也就是：介词短语、三类从句（名词性从句、定语从句、状语从句）以及三类非谓语动词（动名词、动词不定式、分词）。与四大词性对照，它们的用法总结如下：

	介词短语	名词性从句	定语从句	状语从句	动名词	动词不定式	分词
名词		√			√	√	
形容词	√		√			√	√
副词	√			√		√	√
动词							

我们以名词性从句这一列为例。如表格中所示，**名词性从句**可以当作**名词**使用。换言之，**名词能怎么用，名词性从句就能怎么用**。例如，名词可以用作主语：

- The result is still unknown.（结果仍然未知。）

那么，名词性从句也能用作主语：

- Who will win the match is still unknown.（谁会赢得这场比赛仍然未知。）

同理，名词可以用作宾语：

- I know your choice.（我知道你的选择。）

那么，名词性从句也能用作宾语：

- I know which one you may want.（我知道你可能想要哪个。）

名词也可以用作表语：

- That is the truth.（那是真理。）

同样，我们可以用名词性从句 what I want 替换 the truth 作为表语：

- That is what I want.（那是我想要的。）

是不是很神奇？我们只要把这张表记下来，英语中这些所谓复杂结构的用法也就只是小菜一碟了。

至此，最后一个核心问题的答案也就呼之欲出了。简言之，**介词短语**、**分词**可以当作**形容词和副词**使用；**名词性从句**、**动名词**可以当作**名词**使用；**定语从句**可以当作**形容词**使用；**状语从句**可以当作**副词**使用。其中，**动词不定式**的用法最为复杂，可以当作**名词**、**形容词**、**副词**使用。

现在，我们已经能够轻松地回答英语语法学习的三个核心问题了，相信大家也能感觉到自己的英语语法能力提高到了一个更高的水平，你会发现英语语法真的很简单！

非常感谢你能够阅读本书，希望你每天都过得愉快！

孙　融

2021 年 12 月